Julie
et les légendes

De la même auteure chez Québec Amérique

Jeunesse

Le Cri, coll. Titan, 2012.

- **Finaliste au Prix Jeunesse des libraires 2013, catégorie Québec, 12-17 ans.**

Le Grand Vertige, coll. Titan, 2004, nouvelle édition, 2011.
Les Secrets du manoir, Titan, 2007.

SÉRIE MARIE-PIERRE

À fleur de peau, coll. Titan, 2001, nouvelle édition, 2010.
Un lourd silence, coll. Titan, 2010.

- **Finaliste au Prix littéraire Ville de Québec et du Salon international du livre de Québec 2011, littérature jeunesse.**

SÉRIE JULIE

Julie 10 – *Julie et la chasse-galerie*, coll. Bilbo, 2014.
Julie 9 – *Julie et Alexis le trotteur*, coll. Bilbo, 2013.

- **Finaliste au Prix Tamarac Express 2015, Ontario Library Association.**

Julie 8 – *Julie et la bête dans la nuit*, coll. Bilbo, 2011.
Julie 7 – *Julie et la messe du revenant*, coll. Bilbo, 2009.
Julie 6 – *Julie et le feu follet*, coll. Bilbo, 2008.
Julie 5 – *Julie et la Dame blanche*, coll. Bilbo, 2006.
Julie 4 – *Julie et le Bonhomme Sept Heures*, coll. Bilbo, 2005.

- **Finaliste au Prix des abonnés des bibliothèques de Québec 2006, catégorie roman jeunesse.**

Julie 3 – *Julie et la danse diabolique*, coll. Bilbo, 2004.
Julie 2 – *Julie et le serment de la Corriveau*, coll. Bilbo, 2003.

- **Finaliste au Prix d'excellence de la culture, catégorie jeunesse, 2004.**

Julie 1 – *Julie et le visiteur de minuit*, coll. Bilbo, 2002.

MARTINE LATULIPPE
ILLUSTRATIONS DE JEAN-LUC TRUDEL

Julie
et les légendes

QuébecAmérique

Projet dirigé par Stéphanie Durand, éditrice

Conception graphique : Nathalie Caron
Révision linguistique : Élyse-Andrée Héroux
Lecture de sûreté : Sabrina Raymond
Mise en pages : André Vallée – Atelier typo Jane
Illustrations : Jean-Luc Trudel

Québec Amérique
329, rue de la Commune Ouest, 3e étage
Montréal (Québec) H2Y 2E1
Téléphone : 514 499-3000, télécopieur : 514 499-3010

Nous reconnaissons l'aide financière du gouvernement du Canada par l'entremise du Fonds du livre du Canada pour nos activités d'édition.

Nous remercions le Conseil des arts du Canada de son soutien. L'an dernier, le Conseil a investi 157 millions de dollars pour mettre de l'art dans la vie des Canadiennes et des Canadiens de tout le pays.

Nous tenons également à remercier la SODEC pour son appui financier. Gouvernement du Québec – Programme de crédit d'impôt pour l'édition de livres – Gestion SODEC.

Canada — Conseil des arts du Canada / Canada Council for the Arts — SODEC Québec

Catalogage avant publication de Bibliothèque et Archives nationales du Québec et Bibliothèque et Archives Canada

Latulippe, Martine
[Romans. Extraits]
Julie et les légendes
Chaque œuvre a été publiée séparément à partir de 2002.
Pour les jeunes.
ISBN 978-2-7644-2947-1 (Version imprimée)
ISBN 978-2-7644-2986-0 (PDF)
ISBN 978-2-7644-2987-7 (ePub)
I. Trudel, Jean-Luc. II. Titre.
PS8573.A781A15 2015 jC843'.54 C2015-940463-0
PS9573.A781A15 2015

Dépôt légal : 3e trimestre 2015
Bibliothèque nationale du Québec
Bibliothèque nationale du Canada

quebec-amerique.com

Imprimé en Chine

Table des matières

Julie et le visiteur de minuit

J'ai toujours aimé lire et entendre des légendes. J'ai commencé à en raconter moi-même vers l'âge de dix-sept ans. J'étais monitrice l'été dans un camp de vacances. Le soir, j'emmenais mon groupe de campeurs sur la grève, au bord du fleuve, et je leur racontais des histoires. Je prenais un air mystérieux, une voix basse. Parfois, je faisais exprès de faire des pauses pour qu'ils s'impatientent, qu'ils me demandent la suite ! J'ai vite remarqué que mes campeurs, filles et garçons, adoraient ces légendes autant que moi. Ils étaient fascinés par le diable, Rose Latulipe, la Dame blanche, les feux follets…

Souvent, mes campeurs ne connaissaient pas les personnages que je leur présentais, ce que je trouvais un peu triste… Après tout, les légendes sont issues de notre histoire. Elles parlent de nos ancêtres, de leurs coutumes, de leurs peurs, de leurs superstitions… Elles font partie de notre culture. J'ai eu peur que ces personnages disparaissent, s'effacent de notre mémoire. À cette époque-là, je rêvais déjà de devenir écrivaine et j'ai décidé que si j'arrivais à trouver un éditeur, j'écrirais des livres sur les légendes pour que les jeunes lecteurs du Québec ne les oublient jamais !

Quelques années plus tard, je créais la série *Julie* et j'inventais l'oncle Stéphane (il n'existe pas dans la vraie vie, mais j'aurais bien aimé avoir un oncle comme lui !). Je me souviens du moment exact où j'ai eu l'idée de ce premier livre de la série : je marchais dans la rue, à Montréal. Je revenais du Salon du livre, où j'avais participé à des séances de signature. J'allais souper chez mon beau-frère avec Stéphane, un de nos amis communs. Le lendemain, je sortais avec ma grande amie Julie. Tout à coup, en pleine rue, j'ai eu ce flash : j'allais raconter des légendes, oui, mais je les mettrais au goût du jour ! J'avais envie d'y ajouter une touche plus personnelle. Plutôt que de rapporter l'histoire dans mes mots, je voulais inventer un personnage qui vivrait une aventure inspirée de la légende. Julie venait de naître, et son oncle Stéphane l'accompagnerait dans ses découvertes. Comme moi, Julie aimerait inventer toutes sortes d'histoires… et se faire des peurs ! Julie et Stéphane… Tiens, tiens ! La réalité n'est jamais très loin…

1
Alerte au loup-garou!

Avoir un loup-garou comme voisin, ce n'est pas de tout repos ! J'ai appris la vérité il y a deux jours seulement. Cela fait des années que monsieur Chabot habite en face de chez nous, et je n'y ai vu que du feu ! Mais grâce à Stéphane, mon oncle adoré, j'ai tout compris…

Il y a deux jours, Stéphane est venu souper à la maison. Mon oncle est ethnologue. Il parcourt le Québec à la recherche de contes et de légendes. Il visite tous les villages et note les différentes versions de la même histoire que les gens lui racontent. Ensuite, il écrit des livres avec le résultat de ses recherches. Alors, chaque fois que je le vois, il a mille et une merveilleuses histoires à me raconter ! Il a toujours du temps pour moi, pour me parler, me faire rêver. Pas comme mes parents, avec qui j'échange parfois seulement vingt mots dans une journée ! Je les adore, mais je voudrais bien qu'ils soient un peu moins pressés… Stéphane et moi, nous passons des heures et des heures ensemble : lui à raconter, moi à écouter. Grâce à lui, je suis en train de devenir une véritable experte en légendes québécoises !

Avant-hier, donc, Stéphane m'a expliqué que, quand quelqu'un ne fait pas ses Pâques sept années de suite, il se transforme en loup-garou la nuit venue… Je suis très curieuse, tout le monde le dit. Une Julie fouineuse ! Je pose sans arrêt des questions. Et là, les questions se bousculaient. Alors, j'ai demandé :

— Qu'est-ce que c'est, un loup-garou ?

— Le loup-garou, a expliqué Stéphane, est une personne qui se métamorphose en loup la nuit. Quand quelqu'un se transforme ainsi, on dit qu'il « court le loup-garou ». Et il paraît que celui qui court le loup-garou ressemble à un gros chien féroce, tout poilu, aux yeux rouges…

Et Stéphane a continué à ajouter des détails ; il s'est même levé pour mimer le loup-garou bondissant sur une petite bête… J'étais terrorisée. Mon oncle est un excellent conteur. Peut-être même un trop bon conteur. Frissonnante, j'ai continué mes questions :

— Qu'est-ce que ça veut dire, « ne pas faire ses Pâques », Stéphane ?

— Ne pas aller communier à la messe de Pâques.

Mes yeux se sont agrandis d'effroi : si je n'ai jamais été communier à Pâques, est-ce que je risque de devenir un loup-garou ? Stéphane a éclaté de rire.

— C'est des histoires d'il y a bien longtemps, ma belle Julie. Aujourd'hui, s'il fallait que tous ceux qui ne font pas leurs Pâques se transforment en loups-garous, le Québec serait envahi !

Nous avons parlé longuement, Stéphane et moi. Mon oncle adoré est parti tard. Presque minuit. Comme il ne reste jamais longtemps au village, mes parents m'ont donné la permission de rester debout jusqu'à son départ. À minuit moins quart précisément, il nous a quittés. Je l'ai salué de la fenêtre. Et c'est alors que j'ai vu… que j'ai vu… monsieur Chabot sortir de chez lui ! Quinze minutes avant minuit ! Seul… À ce moment, j'ai tout compris. Qui a envie de sortir de chez soi à cette heure ?

Je veux bien croire mon oncle quand il dit qu'aujourd'hui ce n'est plus aussi grave de ne pas faire ses Pâques. Qu'on ne risque plus de se transformer en loup-garou. Mais monsieur Chabot, lui, est beaucoup plus vieux que moi. Il n'a pas dû faire ses Pâques quand il était jeune, à l'époque où la règle des sept années marchait encore. Le soir, mon voisin sort de chez lui et s'enfonce dans une forêt obscure pour traquer les bêtes jusqu'au matin… Car les loups-garous sont aussi agiles et féroces que les vrais loups. La nuit, quand tout le monde dort, ils vont dans les bois et les champs dévorer les petites bêtes… et peut-être même les grandes !

Comme il n'y a pas de forêt sombre derrière la maison de monsieur Chabot, celui-ci doit bien se déplacer pour sa chasse nocturne. Il ne risque pas de trouver de petit gibier dans les rues de notre village. Il sort donc de chez lui dans son état normal, prend sa voiture et s'enfuit avant qu'on puisse le voir se transformer.

Attention ! Je ne suis pas du genre à me faire des idées, moi… J'ai attendu avant de m'emballer. Le lendemain de la visite de Stéphane, j'ai réglé la sonnerie de mon réveil à 23 h 45. Je me suis couchée à la même heure que d'habitude puis, quand mon réveil a sonné, je me suis postée à la fenêtre. Quelques minutes plus tard, monsieur Chabot sortait de chez lui… Il est monté dans sa voiture et il est parti. Mes doutes se confirmaient.

Ce soir, je refais le test. Mon réveil vient de sonner ; je suis postée à la fenêtre. Tout est sombre dehors. La lueur jaunâtre de quelques lampadaires et celle de la lune éclairent les arbres et les maisons, mais il n'y a personne dans la rue. Pas un chat. Les rideaux du salon de la maison d'en face frémissent quand une ombre passe tout près d'eux. Puis, la lumière s'éteint. Je perds la silhouette de vue. La porte de la maison s'ouvre brusquement : bon, le voilà. Mon voisin a encore une apparence humaine. Pas de griffes, ni de longue queue, ni même de poil sur tout le corps. Mais ça ne devrait pas tarder : dès qu'il sera minuit, il se transformera. D'ici quelques minutes, je suis certaine que ses yeux deviendront rouges et se mettront à briller dans l'obscurité. Mais pour l'instant, rien de rien. Sûrement parce qu'il n'est pas encore minuit.

À Pâques, il faudra que je rappelle à mes parents de se rendre à l'église pour communier. S'il y a longtemps qu'ils n'y sont allés, ils courent un risque énorme, eux aussi. Ils sont plus jeunes que monsieur Chabot, mais mieux vaut prendre toutes les précautions possibles. Un seul loup-garou dans ma rue, ça me suffit !

2

Rencontre avec monsieur le loup

La voix de ma mère me tire de mes rêveries.

— Viens, Julie, nous allons faire l'épicerie !

Je cours la rejoindre. Tant pis pour les leçons, ce sera pour plus tard ! De toute façon, je n'arrive pas à me concentrer. Toute la journée, à l'école, j'ai pensé à monsieur Chabot. J'essayais d'évaluer les risques : si le loup-garou n'a pas le temps de se rendre dans une forêt un soir pour chasser des bêtes, peut-il attaquer ses voisins ?

Pendant qu'elle gare la voiture, je demande à ma mère, mine de rien, sur le ton de la conversation :

— Maman, est-ce que les loups-garous dévorent tous les humains ou seulement ceux qu'ils connaissent ?

Elle lève les yeux au ciel et pousse un long soupir. Un très long soupir. Puis elle finit par dire :

— Dès ce soir, j'appelle Steph et je lui ordonne d'arrêter de te raconter des histoires. Il semble parfois oublier que tu n'as que neuf ans.

Je proteste, évidemment, mais je ne suis pas vraiment inquiète : je sais que Stéphane, mon oncle adoré, ne me laissera pas tomber. Et puis, il est si content que je m'intéresse à son métier qu'il n'arrêtera jamais de partager ses histoires avec moi.

— Tu n'as pas répondu, maman.

— Julie, les loups-garous n'existent pas. C'est une légende, tu comprends ? Un truc pour faire peur. Tu ne dois pas croire tout ce que raconte Stéphane. Ni tout ce que tu lis dans les livres.

Ma mère se tait. Nous entrons dans le supermarché. Mes parents me reprochent souvent d'avoir trop d'imagination. Ils ont peut-être déjà eu raison, mais cette fois je ne suis pas convaincue du tout. Je ne pense pas exagérer : si des milliers de personnes croient cette histoire, il faut bien qu'elle soit un peu vraie… Et selon Stéphane, pendant des centaines d'années, pratiquement tout le monde croyait aux loups-garous au Québec. Et même ailleurs dans le monde ! Un peuple entier ne peut pas croire à une créature qui n'existe pas, tout de même !

Je n'ose pas trop insister auprès de ma mère, pour ne pas créer d'ennuis à mon oncle. Et, surtout, pour qu'elle ne m'empêche pas de le revoir et d'écouter ses histoires. Nous tournons dans l'allée des céréales. Je me plonge dans la contemplation de mes deux sortes préférées, déchirée par l'obligation de choisir. Je dois reporter mon importante décision, car une main se pose soudain sur mon épaule et me fait sursauter. Je me retourne : monsieur Chabot est derrière moi, un large sourire sur les lèvres. Un sourire pas très honnête, je trouve. Un sourire menaçant, même. Et ses joues sont couvertes de poils courts, mais bien visibles. C'est peut-être de la barbe, tout simplement… mais peut-être aussi que ses poils de loup-garou n'ont pas tous disparu depuis la nuit dernière.

Ma mère le salue gaiement, comme si de rien n'était. On voit bien qu'elle ne sait pas à qui elle a affaire. De mon côté, je réussis à peine à balbutier :

— Bon… bonjour… mon… monsieur le… monsieur le loup… euh… le chat… euh… monsieur Chabot.

Maman me regarde avec de grands yeux écarquillés. Mais le voisin ne se démonte pas pour autant. Il éclate d'un gros rire et me pince une joue avec vigueur en disant à ma mère :

— Elle est vraiment adorable, cette enfant !

Il discute encore quelques minutes avec ma mère puis, juste avant de poursuivre son chemin, il me pince l'autre joue et déclare avec beaucoup d'enthousiasme :

— Elle est si jolie, cette petite Julie, qu'on la mangerait tout rond !

Catastrophe ! Pas de doute, je suis sa prochaine victime. Affolée, le cœur battant, je quitte l'allée des céréales sans mettre aucune boîte dans le panier : je n'ai plus faim. Plus faim du tout.

3
La chasse est ouverte

Je suis à bout de souffle. Combien de temps vais-je tenir le coup encore ? Je cours depuis longtemps. Très longtemps. Devant moi, un mur. Voilà, il n'y a plus d'issue, plus de fuite possible. Mon heure a sonné. Une Julie condamnée ! Je me retourne : mon voisin m'a rattrapée. Ses yeux sont rouges, ses ongles sont devenus des griffes. Il pose sa main griffue sur mon épaule et ouvre la bouche. Alors…

Alors mon réveil sonne juste à temps ! Dans mon rêve – mon cauchemar, plutôt – monsieur Chabot était sur le point de me dévorer toute crue. Sans sel ni poivre, sans le moindre petit assaisonnement. Une Julie engloutie tout entière en quelques secondes. Encore un peu confuse, je jette un œil sur les chiffres lumineux du réveil : il est 23 h 45.

Sans faire de bruit, je sors du lit. Le plancher est froid ; je frissonne de tout mon corps et mes orteils se crispent. À pas de loup, mais surtout pas de loup-garou, je me dirige vers la fenêtre. Je glisse ma tête sous le rideau et j'aperçois… les phares de la voiture de monsieur Chabot qui s'éloignent dans la rue. Est-il parti plus tôt parce qu'il était déjà transformé ? Non, jamais avant minuit, a dit Stéphane. Était-il affamé ? Avait-il un besoin urgent de chair fraîche ?

Soudain, la porte de ma chambre s'ouvre toute grande ; je me retiens pour ne pas hurler. Terrorisée, je reste collée à la fenêtre, la tête toujours sous le rideau, les muscles des épaules noués. Et si le voisin avait décidé de réaliser son plan et de me dévorer ? Si ce n'était pas sa voiture que j'avais vue s'éloigner ? Je n'ose pas regarder.

— Ça va, Julie ? Tu ne dors pas ?

OUF ! monsieur Chabot ne me dégustera pas tout de suite ! Mes épaules se décrispent, mes doigts quittent enfin le rebord de la fenêtre, je me remets à respirer normalement : ce n'est que mon père… Mais comment lui expliquer ce que je fais à ma fenêtre à minuit ? Tout comme ma mère, il ne croit jamais aux histoires de Stéphane, mon oncle adoré. Mes parents sont très gentils, mais tellement occupés par leur travail qu'ils n'ont plus le temps d'écouter des histoires. Encore moins d'y croire !

Mieux vaut jouer la comédie. Alors, je feins d'être somnambule. Je frappe à un carreau de la fenêtre en disant d'une voix lente :

— Je n'arrive pas à ouvrir la porte, papa. Et je dois aller à l'école tout de suite.

Je continue de cogner contre le pauvre carreau qui pourtant ne m'a rien fait du tout. Mon père éclate de rire et me prend par les épaules pour me guider jusqu'à mon lit.

— Viens te coucher, Lili. Ce n'est pas encore l'heure d'aller à l'école.

Il me borde et m'embrasse sur le front tout doucement avant de quitter ma chambre. Une fois seule, j'ouvre les yeux : les chiffres lumineux du réveil indiquent minuit. La chasse est ouverte. À l'heure qu'il est, monsieur Chabot a une longue queue et du poil hirsute sur tout le corps. Ses dents ont disparu, remplacées par des crocs menaçants. Et son souffle est brûlant. À l'heure qu'il est, mon voisin est devenu un loup-garou.

4

À la rescousse du loup-garou!

Au réveil, je me suis sentie vaguement coupable. Au fond, monsieur Chabot n'est peut-être pas un si mauvais homme. Le jour, c'est un voisin comme les autres, et même un voisin très souriant et sympathique. Si je suis la seule à connaître son terrible secret, la seule à savoir qu'il « court le loup-garou », comme dit mon oncle, c'est à moi de le libérer du mauvais sort. Et au lieu de l'aider, je le redoute.

Ce matin, j'ai feuilleté les livres de Stéphane que nous avons à la maison, mais je n'ai rien trouvé d'utile sur la façon de délivrer un loup-garou. Et comme mon oncle est reparti en voyage hier, à la recherche de nouvelles histoires, je ne peux pas lui téléphoner pour lui demander conseil. Je suis certaine qu'il aurait su quoi faire. Stéphane sait toujours tout en ce qui concerne les légendes !

Après l'école, je me dirige vers la bibliothèque municipale. S'il existe un truc pour empêcher la malédiction de s'accomplir à la nuit tombée, je dois le trouver. Rosie, la bibliothécaire, me salue joyeusement. Elle me connaît bien : j'adore lire. Je passe des heures ici à fouiller dans les livres, à découvrir de nouvelles aventures et à en inventer d'autres dans ma tête. Une Julie rat de bibliothèque !

Je m'installe devant l'ordinateur et je tape « Loup-garou » dans la case *Sujet de recherche*. Des dizaines et des dizaines de références apparaissent aussitôt à l'écran. J'en note plusieurs sur un bout de papier, je vais chercher les livres et je m'installe à une petite table retirée, seule dans un coin.

Je feuillette attentivement les livres de contes. « Les loups-garous font la fête avec les feux follets la nuit… » Les feux follets ? Qu'est-ce qu'un feu follet ? Quelques pages plus loin, la réponse m'apparaît : « Les feux follets sont de petites flammes qui se déplacent dans les airs. Ces flammes terrorisent les voyageurs imprudents qui se promènent sur les routes la nuit. Autrefois, on disait que ces feux étaient les âmes de personnes mortes. »

Hum, très intéressant. Les loups-garous font la fête avec les âmes des morts… C'est rassurant… Mais je ne suis pas ici pour en apprendre plus sur la vie sociale de mon voisin. Tant que les feux follets ne viennent pas voleter devant ma fenêtre parce qu'ils cherchent leur copain loup-garou et qu'ils se sont trompés d'adresse, monsieur Chabot peut bien choisir les amis qu'il veut.

Bon, continuons. « Les loups-garous sont exactement comme tous les humains le jour. Une fois la nuit tombée, ils se transforment et prennent l'apparence d'un gros chien velu aux yeux flamboyants. Ils retrouvent leur forme humaine au lever du soleil. Souvent, celui qui court le loup-garou est épuisé au petit matin. » *Ah ! ah !* Voilà qui confirme tout. Depuis quelques jours, monsieur Chabot ne va plus à son travail. Avant, il quittait la maison en même temps que moi chaque matin, vers 8 heures, quand je partais pour l'école. Mais plus maintenant ! Il est épuisé par ses nuits, sûrement. On le serait à moins ! Passer des heures à traquer les bêtes dans la forêt, c'est exténuant, j'imagine.

Je continue à tourner les pages… et je trouve enfin ce que je cherchais ! Je note fébrilement les renseignements sur mon petit bout de papier. Pour délivrer le loup-garou, il faut lui soutirer du sang… Oh ! pas un litre, non ! À peine quelques gouttes suffisent. C'est la seule méthode. Comment pourrais-je faire saigner mon voisin quand il est transformé en loup-garou ? Si au moins il ne se sauvait pas en voiture mais restait dans les parages, je pourrais facilement le blesser, avec mon bâton de base-ball ou quelque chose du genre. Mais comment savoir où il va ?

Absorbée dans toutes ces réflexions, je continue de griffonner quelques phrases sur le papier… quand une main passe devant mes yeux et referme lentement le livre que je suis en train de consulter. Je pense d'abord qu'il s'agit de Rosie ; elle vient souvent s'asseoir pour discuter avec moi quand il n'y a pas d'autres abonnés dans la bibliothèque du village. Mais cette main n'est pas celle de la bibliothécaire. Ce n'est pas une main de femme. Elle est large, forte, couverte de petits poils grisonnants. Mon cœur se serre.

— *Contes du Québec, loups-garous et autres créatures étranges*, lit monsieur Chabot sur la couverture du livre. Tu t'intéresses aux légendes, petite Julie ?

Je voudrais lui répondre, mais il y a dans ma gorge une boule si grosse que je n'arrive même plus à avaler. Je me contente d'un timide signe de tête. Mon voisin se penche vers moi et murmure d'une voix grave :

— As-tu toi-même rencontré des loups-garous ?

J'ai une envie folle de pleurer. Je voudrais bien le rassurer, lui dire que je veux seulement l'aider, que je ne le dénoncerai à personne, mais j'arrive tout juste à balbutier :

— Je… je ne… je ne dirai rien, monsieur… monsieur le… monsieur le loup… euh… le chat… euh… Chabot !

Mon voisin éclate d'un gros rire et lance :

— C'est bien, petite ! Mais fais tout de même attention à toi sur le coup de minuit : c'est la pleine lune, ce soir… On ne sait jamais ce qui peut arriver !

Il me quitte. Mais j'ai eu le temps de remarquer que les poils sur ses joues sont encore plus longs. À cause de la pleine lune, sûrement. Monsieur Chabot a de plus en plus de mal à cacher sa transformation. Si je ne fais rien, d'un jour à l'autre il se métamorphosera en loup-garou même en plein jour. C'est bien possible, à voir la vitesse à laquelle ses poils poussent. Quand Stéphane reviendra, il faudra que je lui demande s'il est certain que quelqu'un ne peut absolument pas courir le loup-garou le jour.

Pour l'instant, je n'ai plus tellement envie de sauver monsieur Chabot. J'ai trop peur… J'essaie d'être courageuse, mais les paroles de mon voisin tournent sans arrêt dans ma tête : « Attention à toi… ce soir… On ne sait jamais ce qui peut arriver… Attention… ce soir… » Ça y est : mon heure est venue. Monsieur Chabot ne pouvait pas me le dire plus clairement : c'est ce soir qu'il va me dévorer. Une Julie au menu !

5

Pleine lune et visite nocturne

Ce soir, j'ai réglé mon réveil un peu plus tôt afin de me préparer. J'ai bien l'intention de me défendre ! À 23 h 15, la sonnerie se fait entendre. Je quitte mon lit à toute vitesse ; je ne dormais pas, de toute façon. Comment dormir quand on sait qu'un loup-garou attend le premier coup de minuit pour vous changer non pas en citrouille mais plutôt en plat principal ?

Je jette un coup d'œil par la fenêtre. La lune est bien ronde, bien pleine. Selon la légende, les loups-garous sont encore plus féroces les nuits de pleine lune. Je dois agir rapidement. Je prends la chaise de mon bureau de travail et je cours la placer contre la porte, bloquant ainsi la poignée.

Personne n'entrera dans ma chambre par la porte cette nuit.

Je m'empare ensuite d'une boîte de punaises et je les aligne soigneusement sur le cadre de la fenêtre, le bout piquant vers le haut, évidemment. Personne n'entrera dans ma chambre par la fenêtre cette nuit.

Puis je prends mon bâton de base-ball d'une main tremblante. Papa me l'a acheté il y a plus d'un mois, mais il n'a pas encore eu le temps de jouer au base-ball avec moi. Au moins, le bâton servira. Si le loup-garou est assez fort pour déjouer mes pièges, je saurai me défendre. Un bon coup sur la tête devrait le faire saigner assez pour le délivrer.

Je me glisse à petits pas vers la fenêtre. Dehors, rien ne bouge. À peine quelques feuilles qui frémissent dans les arbres, agitées tout doucement par le vent. Dans la maison d'en face, la lumière du salon est allumée. La silhouette de monsieur Chabot se découpe en ombre chinoise sur le rideau. Il traverse la pièce d'un bon pas, et la lumière s'éteint soudain. La porte s'ouvre. Il sort, se dirige vers sa voiture, mais s'arrête brusquement en chemin. Il tourne la tête rapidement et regarde… regarde… *regarde vers ici* ! Il fixe bien notre maison, je ne rêve pas ! M'aurait-il aperçue à la fenêtre ?

Le voisin se met soudain à courir vers ma maison. Je ferme les yeux, glacée d'effroi. La pleine lune doit agir plus tôt que prévu : il ne peut plus attendre jusqu'à minuit pour me dévorer. Courage, Julie, il faut ouvrir les yeux et affronter le monstre ! Je prends une grande inspiration, puis je desserre mes paupières. Je vois monsieur Chabot qui crie quelque chose que je n'entends pas avant de courir vers l'arrière de la maison.

Il veut probablement entrer par une autre fenêtre, moins visible que la mienne, qui donne sur la rue. Mes doigts se crispent sur le bâton de base-ball. À l'heure qu'il est, je n'ai plus trop envie de le délivrer en faisant couler son sang. J'aimerais mieux dormir et tout oublier. Tenant toujours solidement mon bâton de base-ball, je me réfugie dans mon lit en tremblant de tous mes membres. Même les couvertures les plus chaudes du monde ne pourraient pas m'empêcher de frissonner en ce moment.

J'attends, le cœur battant à tout rompre. Rien. Que le silence qui règne de nouveau dans la nuit. Je tends l'oreille, cherchant à distinguer le bruit d'un carreau fracassé, d'une main qui fait couiner le bois en forçant une fenêtre, mais non. Rien. Puis, le bruit d'un moteur jaillit dans la nuit. Je cours vers la fenêtre : les phares de la voiture de mon voisin sont allumés. Monsieur Chabot quitte sa maison. Il a renoncé. Il a dû se rendre compte que j'étais bien préparée au combat et décidée à sauver ma peau.

Ouf ! Mes doigts se décrispent et lâchent le bâton, que je dépose tout de même juste à côté du lit : on ne sait jamais. Mes épaules semblent soudain peser une tonne de moins. Et je me remets à respirer normalement. Pour cette fois, le danger est passé ! Mais à quand la prochaine pleine lune ?

6
L'ennemi est à nos portes

Une discussion animée me tire du sommeil. Déjà le matin ! J'ai si mal dormi que j'en ai les yeux tout bouffis. Je m'étire et me lève difficilement. J'enlève la chaise qui bloque la porte et, les cheveux en bataille, de mauvaise humeur, je m'en vais à la cuisine, d'où viennent les voix. Et… *qu'est-ce que je vois* ? !

Mes parents sont tranquillement assis à table en train de boire un café en discutant vivement avec… monsieur Chabot ! Après m'avoir suivie dans le supermarché et la bibliothèque municipale, voilà que l'ennemi s'est infiltré jusque dans ma maison ! Et les poils continuent de pousser, d'envahir peu à peu ses joues.

— Bonjour, Lili ! lance gaiement mon père.

— Bien dormi ? interroge gentiment ma mère.

— Pas trop rêvé aux loups-garous, j'espère ? raille monsieur Chabot de sa voix grave.

Tous trois éclatent de rire. Catastrophe ! Je comprends tout, maintenant. Mais il est trop tard... C'est une machination : mes parents sont complices. Toutes ces soirées où ils prétendaient faire des heures supplémentaires au bureau étaient des histoires : en réalité, ils allaient probablement courir le loup-garou, eux aussi. J'aurais dû leur dire d'aller communier, de faire leurs Pâques... Avec toutes les émotions de la dernière semaine, j'ai complètement oublié. Tout est de ma faute...

— Monsieur Chabot nous a rendu un fameux service, poursuit maman calmement.

Qu'a-t-il fait ? Il leur a trouvé de la chair fraîche à dévorer par une belle nuit de pleine lune ? C'est ce qu'il courait leur dire hier soir, à minuit ? Ou bien il leur a donné la recette d'un traitement miracle pour garder le poil de loup-garou doux et lustré ?

Si mes parents sont complices du voisin et qu'eux aussi courent le loup-garou, est-ce que je risque de me transformer à mon tour ? Suis-je la prochaine sur la liste ? Est-ce que c'est génétique ? Mes parents m'ont-ils transmis cette terrible malédiction ? Oh non ! Pas une Julie qui se métamorphose en loup la nuit venue !

— Imagine-toi donc, Lili, explique mon père, que quelqu'un a essayé de forcer la porte du cabanon hier soir, probablement pour voler les vélos. Comme monsieur Chabot a changé d'horaire depuis deux semaines à l'usine, il travaille maintenant de minuit à 8 heures. Quand il est sorti de chez lui, un peu avant minuit, il a vu quelqu'un devant le cabanon...

— Monsieur Chabot est venu voir si c'était l'un de nous et si tout allait bien, et l'intrus s'est sauvé à la course en voyant le voisin arriver, conclut maman.

— On vous doit une fière chandelle, ajoute papa.

Penaude, je reste bouche bée. Monsieur Chabot travaille de nuit ? Il ne se change pas en loup-garou quand minuit sonne ?

— Tu ne dis rien, Julie ? Tu es encore endormie ? Tu es toute pâle, s'inquiète ma mère. On dirait que tu as vu un fantôme...

Le voisin éclate de son gros rire sonore :

— On dirait plutôt que la petite Julie a vu... un loup-garou !

J'arrive à peine à sourire.

— Mais… vous ne vous transformez pas la nuit ? Et le poil sur vos joues, alors ?

Papa et monsieur Chabot rient bien fort en répétant : « Se transformer la nuit ? Mais en quoi ? » Maman, elle, fronce les sourcils.

— Julie, quand même ! Tu as déjà vu de la barbe, non ?

— Eh oui, j'ai décidé de me laisser pousser une barbe. C'est une petite coquetterie qu'un vieil homme peut bien se permettre, non ?

Et le voisin me lance un large sourire. Un sourire que je trouve toujours aussi menaçant.

Après tout, mes parents ont probablement raison : peut-être que je me laisse un peu trop impressionner par les histoires de Stéphane, mon oncle adoré. Mais peut-être aussi que mon voisin, monsieur Chabot, est un excellent comédien…

FIN

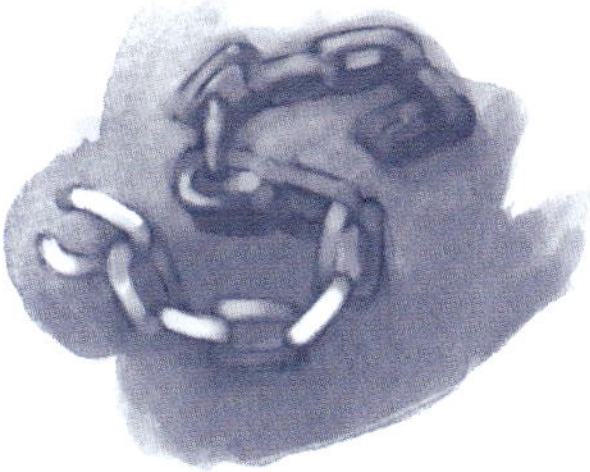

Julie et le serment de la Corriveau

Selon certains, la Corriveau est une sorcière. D'autres parlent d'elle comme d'une meurtrière. On entend tant de versions différentes de la légende de la Corriveau que j'avais envie d'en savoir plus, d'aller plus loin. Marie-Josephte Corriveau a marqué l'imaginaire québécois, et son histoire demeure toujours très actuelle. Encore aujourd'hui, elle inspire des livres, des chansons… C'est sûrement un des personnages de légende les plus connus du Québec.

Pour me familiariser avec la Corriveau, j'ai fait comme pour chacun des livres de la série *Julie* : j'ai lu plusieurs recueils de contes et légendes, j'ai assisté à des spectacles de conteurs, j'ai multiplié les recherches… pour apprendre qu'il existe plus de cent versions différentes de son histoire ! Selon certaines, la Corriveau aurait tué un mari… Dans d'autres versions, on parle plutôt de deux, trois et même sept maris !

Ce n'est pas tout : il ne s'agit pas que d'un personnage de légende… La Corriveau a vraiment existé. Nous savons qu'elle a vécu de 1733 à 1763. Souvent, on ignore comment naît une légende. Dans ce cas-ci, des preuves indiquent qu'une vraie femme l'a inspirée. Après la mort de Marie-Josephte Corriveau, son corps a été exposé dans une cage. Cette cage a longtemps été exhibée dans un musée, aux États-Unis, mais elle a récemment été rapatriée au Québec. De quoi donner des frissons, non ?

1

La réputation de Rosie

Stéphane, mon oncle adoré, est en danger. J'en suis maintenant certaine. Tout a commencé par une discussion entre mes parents et mon oncle, il y a deux jours. Stéphane est ethnologue et parcourt le Québec à la recherche de légendes. Il est rarement chez lui. Normalement, du moins. Car ces temps-ci, il reste de plus en plus au village. Et ma mère a découvert pourquoi…

Il y a deux jours donc, Stéphane mangeait avec nous quand maman lui a demandé :

— Dis donc, Steph, on te voit souvent dans les parages, ces jours-ci. Y aurait-il quelqu'un qui te retiendrait au village ?

Mon oncle a rougi un peu, il a bredouillé quelques mots qui ont sonné comme: «Euh… non-je-bof-tu-sais-euh-enfin» et n'a rien ajouté. Mes parents ont éclaté de rire et ma mère a insisté:

— Et ce quelqu'un ne s'appellerait pas Rosie, par hasard?

Stéphane a rougi de plus belle. Il a piqué du nez dans son assiette et s'est acharné sur son repas. Je n'aurais pas voulu être à la place de sa pauvre cuisse de poulet: mon oncle y plongeait sa fourchette avec tant d'ardeur que j'avais un peu peur qu'il passe à travers son assiette.

Maman a conclu:

— Si tu ne veux pas en parler, ce n'est pas grave. Fais attention, tout de même: tu sais quelle réputation elle a…

Je tombais de haut. Une Julie sous le choc! Je ne savais pas du tout que Rosie, la gentille bibliothécaire du village, intéressait mon oncle adoré. Et je savais encore moins quelle réputation elle avait. Alors j'ai demandé:

— Quelle réputation elle a?

Mes parents ont eu l'air mal à l'aise.

— Eh bien, a répondu papa, on dit que c'est une «mangeuse d'hommes». Qu'elle aime séduire et que ses trois derniers petits amis ont disparu sans laisser de traces. Trois en deux ans, quand même…

Stéphane a enfin repris la parole, ce qui m'a rassurée. Lui qui est toujours si enflammé, si bon conteur ; je n'aimais pas le voir rester silencieux et s'intéresser d'aussi près à cette cuisse de poulet, à laquelle il ne restait plus rien à arracher, de toute façon.

— Des racontars, a fait mon oncle, en colère. Rosie n'est quand même pas la Corriveau ! Elle n'a pas été chanceuse en amour, c'est tout. Et au lieu de la plaindre, tout le monde la juge dans le village.

Et Stéphane est parti en claquant la porte. C'était la première fois qu'il nous quittait ainsi. Pendant la soirée, l'atmosphère est demeurée tendue dans la maison. Mes parents semblaient aussi soucieux que moi. Ils en ont même oublié de plonger le nez dans leur travail. Ils sont restés assis à discuter à voix basse dans la cuisine. J'ai filé dans le salon consulter notre bibliothèque. Nous possédons tous les livres de Stéphane et ce nom, la Corriveau, me disait vaguement quelque chose. J'ai compris pourquoi ! Stéphane en parle dans presque tous ses recueils de contes et de légendes : la Corriveau est une femme célèbre. Il existe plus de cent versions différentes de son histoire. Par contre, ce que j'y ai appris ne m'a pas réconfortée du tout…

La Corriveau vivait seule avec son père. Rosie aussi.

Il paraît que la Corriveau était une jolie femme que tous les garçons du village courtisaient. Rosie aussi.

La Corriveau ne restait jamais longtemps avec un mari : après quelque temps, ce dernier disparaissait. Pareil pour Rosie, même si elle n'épouse pas ses soupirants.

Enfin, selon les différentes versions de la légende, la Corriveau aurait tué ses maris en leur coulant du plomb fondu dans les oreilles ou en les assommant à coups de pelle ou de fourche. Elle aurait éliminé ainsi entre un et sept amoureux. Rosie est rendue à trois. Je dois faire quelque chose pour que Stéphane, mon oncle adoré, ne soit pas le quatrième sur la liste. Une Julie à la rescousse !

2
La bibliothécaire est une sorcière !

Moi, Julie, je ne suis pas du tout du genre à me faire des idées, même si mes parents prétendent souvent le contraire. Je ne me laisse pas emporter par mon imagination avant d'avoir des preuves. Alors j'ai décidé, avant de m'attaquer au problème de plus près, de m'assurer que Rosie est bel et bien une Corriveau moderne. Ou, pire encore, la *vraie* Corriveau…

Car voici ce que j'ai appris : pour la punir de ses crimes, on a enfermé la Corriveau vivante dans une cage de fer suspendue à un arbre, en attendant qu'elle meure de faim et de froid… Brrr… Quelle mort horrible ! J'ai pris mon courage à deux mains pour poursuivre ma lecture… et ce que j'ai découvert était plus effrayant encore. Selon une des versions, la Corriveau aurait juré de s'enfuir et de revenir hanter les générations futures. Le lendemain matin, quand on s'est approché de la cage, elle était vide ! La Corriveau s'était envolée. Et depuis, dans certains coins du Québec, quand la nuit tombe, on entend parfois des gémissements et des bruits de chaîne : c'est la Corriveau qui tient son serment…

Donc, si la Corriveau s'est enfuie, n'a jamais été retrouvée et a juré de se venger sur les générations suivantes, c'est qu'elle est encore… *vivante* ! Et si elle est encore vivante, il faut bien qu'elle soit quelque part… Dans mon village, peut-être.

Pour tenter d'en savoir plus, je n'ai pas le choix : je dois aller rôder à la bibliothèque. Je suis une habituée : j'adore lire et découvrir mille et une histoires. Quand la bibliothèque est peu achalandée, Rosie vient souvent s'asseoir près de moi et nous discutons. Aujourd'hui, après tout ce que j'ai appris sur elle, je n'ai pas tellement envie qu'elle vienne me voir… Au moins je me redonne courage en me disant que j'en apprendrai un peu plus en l'observant.

Pour l'instant, elle est occupée à servir monsieur Rouleau, un nouveau venu dans le village. Un homme étrange, qui garde toujours son chapeau et ses gants. Rosie lui sourit sans cesse, lui parle gentiment, semble lui conseiller des livres. J'ai toujours trouvé que Rosie avait un sourire très gentil. Je me rends compte aujourd'hui que c'est un sourire de séductrice. Une arme terrible. Cachée derrière mon recueil de contes et de légendes, je ne perds rien de la scène. Quand monsieur Rouleau s'en va, Rosie vient me rejoindre.

— Bonjour, ma belle Julie.

Elle essaie de m'amadouer, mais je ne dois pas fraterniser avec l'ennemie. Je réponds froidement :

— Bonjour.

Rosie est étonnée. D'habitude, je n'arrête pas de parler. Une Julie moulin à paroles ! Aujourd'hui, je n'ai pas le cœur au bavardage. Rosie ne se laisse pas démonter. Elle s'assoit à mes côtés et continue :

— Il fait chaud, aujourd'hui ! C'est épuisant. Je suis vidée. J'ai l'impression d'avoir deux cents ans…

Deux cents ans !!! Et la Corriveau a été mise en cage il y a un peu moins de deux cent cinquante ans ! Rosie ne lance sûrement pas ces paroles sans raison valable : je suis démasquée. Elle sait que je sais. J'ai dû le laisser voir dans mes yeux. Ou alors Stéphane lui a parlé hier soir, après avoir quitté la maison. Une chose est sûre : si j'ai affaire à la vraie Corriveau, si Rosie est âgée de plus de deux cent cinquante ans et qu'elle réussit à paraître si jeune et si jolie, alors il n'y a plus de doute possible. La bibliothécaire est bel et bien une sorcière.

J'avais décidé de ne pas parler à Rosie, mais je suis trop inquiète pour mon oncle adoré. Je dois m'informer :

— Rosie, as-tu vu Stéphane hier soir ?

Les joues de la bibliothécaire rougissent un peu, comme si elle était étonnée que je sois au courant. Ou comme si elle venait d'être prise en flagrant délit.

— Oui, répond-elle, hésitante. Je l'ai vu. Mais je ne pense pas le revoir avant un bout de temps…

À ce moment, quelqu'un entre dans la bibliothèque. Rosie retrouve son sourire charmeur et se précipite vers le nouveau venu sans rien ajouter. Je suis arrivée trop tard : la sorcière a déjà fait disparaître mon oncle, et c'est sa façon de me l'annoncer : « Je ne pense pas le revoir avant un bout de temps… » Le message est on ne peut plus clair. Comment vais-je annoncer la mauvaise nouvelle à mes parents ?

Où est passé Stéphane ? De grosses larmes roulent sur mes joues et s'écrasent sur les pages de mon livre. Je sors de la bibliothèque la tête basse, le cœur lourd. Une Julie au désespoir…

3
Julie s'en va-t-en guerre

Je n'ai pas très faim. Je réussis à peine à avaler deux bouchées au souper. J'essaie de parler à mes parents. Ceux-ci, comme toujours, discutent de leurs problèmes du bureau et n'écoutent pas ce que j'ai à dire.

Une seule personne pourrait m'aider : Stéphane, mon oncle adoré. Lui, il m'écoute toujours quand je parle. Mais voilà, j'ai téléphoné chez lui tout à l'heure, et je n'ai pas eu de réponse. Rosie a raison : Stéphane n'est pas là.

— C'est incroyable, raconte mon père, tu sais, le fameux formulaire C-214 ? Eh bien, j'ai dû le remplir à nouveau aujourd'hui. Le v.-p. avait égaré la première copie.

J'essaie timidement d'intervenir :

— À propos de la Corriveau…

— C'est révoltant, commente ma mère.

Je n'ose pas y croire ! Ma mère s'intéresse à ce que je dis et partage même mon avis !

— C'est pire que tu penses, maman…

— Vraiment révoltant, poursuit ma mère. Te faire perdre du temps avec ce formulaire, quand tu as tant de travail !

Déçue, je baisse la tête et garde le silence quelques secondes. La pensée de Stéphane en danger s'impose dans mon esprit ; je ne peux pas le laisser tomber. Je reviens à la charge :

— Il faut absolument que je vous parle de la Corriveau…

Ma mère pousse un soupir d'impatience et mon père dit :

— Lili, si tu veux que je te raconte l'histoire de la Corriveau, je le ferai avant que tu te couches. Maintenant, laisse-nous parler un peu.

L'histoire de la Corriveau, je la connais parfaitement, à présent. Trop bien, même. Ce que je veux savoir, c'est comment affronter une sorcière. Comment déjouer ses sorts. Et comment aider mon oncle adoré. S'il n'est pas trop tard... Je n'arrive pas à croire que mes parents trouvent le formulaire C-214 plus important que le sort de Stéphane.

Mon oncle sait toujours tout à propos des histoires, des légendes. Lui savait sûrement comment affronter Rosie. Mais voilà : il n'a pas su résister à la jolie bibliothécaire et c'est moi, Julie, qui me retrouve avec tous les problèmes sur les bras. Pas question que j'abandonne. Je découvrirai ce qui est arrivé à mon oncle, j'en donne ma parole. Une Julie à l'attaque !

Je dois préparer mon expédition. Ce soir, quand mes parents seront couchés, j'irai chez Rosie, qui habite tout près, et je percerai le mystère. J'ai déjà affronté un loup-garou, ce n'est pas la Corriveau qui me fera peur ! C'est ce que je me répète en tremblant quand même un peu. Le loup-garou, je sais qu'il faut lui soutirer un peu de sang pour que le mauvais sort soit rompu. Est-ce que ça fonctionne avec une sorcière ? C'est ce qu'on verra.

Je passe la soirée à fouiller dans les livres de Stéphane pour découvrir des façons de combattre une sorcière, mais rien. On y parle des moyens d'affronter des vampires, des feux follets, des loups-garous, mais pas un mot sur la Corriveau ! Tant pis. Je ne me laisserai pas abattre pour autant. Je téléphone chez mon oncle à plusieurs reprises. Environ toutes les quinze minutes. Toujours pas de réponse.

Il est vingt-trois heures. Mes parents doivent dormir maintenant. Ils sont couchés depuis une demi-heure déjà. Je me lève doucement, sans faire de bruit, et je m'habille tout en noir pour mieux me fondre dans l'obscurité. Je prends le chapelet que j'ai reçu à ma première communion et le glisse dans ma poche : dans beaucoup de légendes, c'est le chapelet et les prières qui sauvent les gens aux prises avec des revenants.

Je me dirige ensuite vers la cuisine et m'empare d'une paire de ciseaux. Si quelques gouttes de sang suffisent, comme pour un loup-garou, un bon coup de ciseaux sur le bras ou la cuisse de la bibliothécaire devrait m'aider. Je saisis aussi quelques gousses d'ail dans le panier à légumes. Je les enfile sur une ficelle et me passe cet étrange collier autour du cou. Je sais, c'est un truc pour affronter les vampires, mais je n'ai rien de mieux. Alors je mets toutes les chances de mon côté. Une Julie qui ne recule devant rien !

Je suis maintenant prête. L'ail autour du cou, le chapelet dans la poche, les ciseaux dans la main, je me dirige vers la porte de la maison. Je l'ouvre le plus doucement possible et je me glisse dehors, dans la nuit, pour affronter Rosie.

À nous deux, la Corriveau !

4

Enquête sur le terrain

J'avance dans la rue noire en me répétant tout bas: «Courage, Julie!» Dans le village, rien ne bouge. Seules quelques fenêtres sont éclairées. Personne dehors. Je me dirige vers la maison que Rosie habite avec son père. J'y suis presque. Plus que quatre maisons, trois, deux…

Soudain, un bruit me fait sursauter: du métal. J'ai entendu du métal tinter dans la nuit. J'ai presque envie de retourner chez moi en courant et de me réfugier dans mon lit. Mais je ne peux pas laisser tomber. Je dois affronter tous les dangers si je veux sauver mon oncle.

Une clôture borde le terrain de la maison de Rosie. Je me mets en petit bonhomme pour ne pas me faire repérer et je longe la clôture courageusement. Mon cœur bat à toute vitesse et une petite voix crie dans ma tête : « Va-t'en chez toi tout de suite, Julie ! »

Je n'écoute pas la voix. Je continue d'avancer à tout petits pas. Un autre tintement de métal me fait bondir. Une goutte de sueur glisse lentement dans mon dos, longeant ma colonne vertébrale, me faisant frissonner. Je suis morte de peur. Ma main tremble tant que j'ai du mal à tenir mes ciseaux.

L'œil collé à la clôture, je distingue vaguement une forme humaine au fond du jardin. Je crains le pire : avec ces bruits métalliques, je m'attends à voir surgir d'une seconde à l'autre la sorcière enfermée dans sa cage. Mais non. Rien. Pendant un instant, plus rien ne bouge. Je dois me rapprocher.

Je quitte la clôture qui délimite le terrain à l'avant pour longer celle qui borde le côté de la maison. Quelqu'un s'agite dans le jardin, au fond du terrain. Je veux voir ce qui s'y passe. Je continue de progresser en silence ; surtout, ne pas attirer l'attention. Mes mains sont crispées, je sens chacun de mes ongles s'enfoncer dans mes paumes, et je tente de retenir mon souffle autant que possible. Seul mon collier de gousses d'ail fait un petit froufroutement agaçant qui perce le silence.

J'ai peur que la Corriveau me repère. Mais je dois continuer. Voilà, j'y suis presque.

Dans la noirceur, je distingue mieux de qui il s'agit : c'est bien Rosie. Elle est maintenant agenouillée sur le sol et tapote un petit tas de terre. Et le bruit de ferraille ne provenait pas d'une cage, mais plutôt d'une pelle appuyée sur une bêche. Le tintement a simplement été provoqué par les deux instruments qui se sont entrechoqués. Je respire mieux. Franchement, avoir cru que la Corriveau m'apparaîtrait dans sa cage ! Une Julie pleine d'imagination !

Je respire mieux, donc... jusqu'à ce que je me rende vraiment compte de ce que je viens de voir : *une pelle !* Qui peut bien jardiner à vingt-trois heures, en pleine obscurité ?

Rosie est toujours agenouillée devant le petit tas de terre, la tête basse. Je donnerais n'importe quoi pour savoir ce qu'elle vient d'enterrer. Et à quoi elle peut bien penser. Soudain, comme si elle lisait dans mes pensées, la belle Rosie murmure :

— Adieu, petit chéri...

Une sonnerie de téléphone retentit. Rosie se relève rapidement et rentre dans la maison.

Moi, accotée contre la clôture, j'en échappe mes ciseaux dans l'herbe. Je place vite mon poing devant ma bouche pour ne pas me mettre à hurler. « Adieu, petit chéri… » J'arrive trop tard, comme je le craignais. Rosie, alias la Corriveau, vient sûrement d'enterrer mon oncle. Je devrais peut-être remuer la terre, aller vérifier que c'est bien Stéphane qui gît au fond du trou et m'assurer que je ne peux plus rien pour lui. Je n'en ai pas le courage. Plus la moindre petite parcelle de bravoure. Une Julie complètement vidée.

Je n'arrive pas à réfléchir. Cette fois, j'écoute la petite voix qui hurle dans ma tête : « Rentre à la maison, Julie ! » Je me relève et me mets à courir comme une folle vers chez moi. Et tant pis pour le bruit que je fais. Tant pis pour mes ciseaux abandonnés près de la clôture. Tant pis si la Corriveau me repère. Les choses ne peuvent pas être pires.

5

Les choses peuvent toujours être pires...

Ce n'est pas facile de courir quand on a les yeux pleins de larmes et qu'il fait nuit noire. Soudain, à quelques mètres à peine de la maison de Rosie, ma course est brutalement stoppée. J'ai foncé de plein fouet dans quelqu'un. Je m'écroule par terre sous l'impact. Je hurle « Au secours ! » très fort, terrorisée à l'idée que c'est peut-être Rosie qui tente de m'empêcher de rentrer chez moi. Je n'ose pas lever la tête pour regarder. Une grosse voix retentit :

— Du calme, petite. Qu'est-ce qui se passe ? Que fais-tu toute seule dans la rue, si tard le soir ?

Ouf ! ce n'est pas la Corriveau. Un peu rassurée, je lève la tête vers l'homme qui a parlé... et c'est encore pire… c'est le père de Rosie! Immédiatement, des bouts de la légende me reviennent à l'esprit: selon plusieurs versions, le père de la Corriveau était complice des crimes de sa fille. Je me suis fait avoir sur toute la ligne. Pendant que je regardais la scène dans le jardin, le père Corriveau devait être derrière moi à me surveiller. Et je n'ai rien entendu. Qu'est-ce que je vais devenir? Une Julie complètement paniquée!

Je me relève, affolée, et je recule de quelques pas. Un étrange crissement se fait entendre: mon collier d'ail s'est brisé sous le choc et mes pieds écrasent les gousses une à une. Plus rien pour me protéger désormais. Mais non! Il me reste encore le chapelet! Je crie au père de Rosie:

— Arrière! Ne m'approchez pas!

Il éclate d'un gros rire sonore et me prend solidement par le bras. Il m'entraîne vers sa maison. Mon chapelet n'a aucun effet sur lui. Je tente de me dégager pendant qu'il me répète sans cesse d'une voix qu'il veut rassurante:

— Calme-toi, voyons. Je ne te veux pas de mal. Viens, on va appeler tes parents.

Il me prend pour une enfant d'école! Bon, c'est vrai: je suis effectivement une enfant d'école, mais pas si naïve, tout de même. Pas de là à croire qu'il me laissera libre de rentrer chez moi maintenant que j'ai vu sa fille enterrer mon oncle. Je crispe tous mes muscles et donne un grand coup pour dégager mon bras. L'homme ne bouge pas d'un millimètre. Il n'a même pas dû se rendre compte de mes efforts. Toujours calme, il me dit :

— Viens, n'aie pas peur. Nous ne serons pas seuls dans la maison, si c'est ce qui t'effraie. J'ai une fille, si ça peut te rassurer.

Me rassurer ? Oui, bien sûr… Ça me rassure autant que quand le dentiste affirme, juste avant d'enfoncer une aiguille dans ma gencive : « Ça ne fera pas mal. » Autant que quand mon père rentre du bureau en nous disant qu'il a appris une nouvelle recette de lentilles très nutritive. Autant que quand ma mère m'annonce, toute joyeuse, qu'elle m'a trouvé une adorable petite robe rose au magasin…

Le père de Rosie ne veut rien entendre. Il me conduit fermement vers la porte de sa maison. Je serre mon chapelet bien fort dans ma main et je marmonne les prières que je connais en les confondant toutes sous le coup de l'émotion, ce qui donne un étrange mélange.

— Je… je vous salue… Notre Père qui bénissez notre pain… quotidien… et le… le fruit de vos entrailles…

Le père de Rosie ouvre la porte et me pousse doucement vers la cuisine. Il sourit. On dirait vraiment qu'il s'amuse de la situation. Il me regarde d'un air intrigué réciter mes prières.

Rosie est dans la cuisine, assise sur une chaise, visiblement en grande discussion téléphonique. Elle parle à voix basse et sourit aux anges. Soudain, elle lève la tête et me voit. Ses yeux deviennent bien ronds, son sourire disparaît. Je ne peux plus me sauver d'ici. Dans quelques secondes, je subirai certainement le même sort que Stéphane, mon oncle adoré.

Pendant que toutes ces réflexions se bousculent dans ma tête, Rosie dit à son interlocuteur :

— Je te rappelle dans quelques minutes, Stéphane. Ta nièce est dans ma cuisine… Non, je ne sais pas du tout ce qui se passe. Je ne l'attendais pas. Ne t'inquiète pas. Je te rappelle.

Et elle raccroche. Une Julie bouche bée !

6

Une Julie avec trop d'imagination?

Rosie semble étonnée. Elle a vraiment l'esprit vif: tenter de me faire croire qu'elle parlait à mon oncle au téléphone alors que je l'ai vue enterrer le « petit chéri » dans le jardin… Visiblement, elle ne sait pas que je l'espionnais, tout à l'heure. Si seulement son père ne m'avait pas vue, j'aurais encore une chance de sauver ma peau…

— Julie? Qu'est-ce que tu fais ici, toute seule, à cette heure-là?

Que dois-je répondre? Être honnête et lui avouer que j'ai tout deviné? Que je sais qu'elle est la Corriveau et qu'elle rôde depuis plus de deux cents ans dans les villages du Québec? Ou dois-je faire semblant et saisir la dernière chance qu'il me reste de sortir vivante de cette aventure ? Son père m'a vue, c'est vrai, mais je peux inventer un prétexte quelconque. Mes parents me reprochent toujours d'avoir trop d'imagination ; il faut bien que ça serve parfois ! Finalement, la deuxième option me semble la plus sage. Alors, je bredouille tant bien que mal :

— Je... je cherche... je cherchais... mon oncle Stéphane. Je ne voulais pas te... euh... t'espionner, mais je t'ai vue enterrer... quelqu'un... dans ton jardin.

Voilà. Les dés sont jetés, comme on dit. À Rosie de voir ce qu'elle fera de moi. Une chose me rassure : dans toutes les légendes que j'ai lues sur la Corriveau, aucune ne parle de petite fille assommée avec une pelle ou de plomb coulé dans les oreilles d'un enfant trop curieux. Seuls les maris sont éliminés.

À ma grande surprise, les joues de la bibliothécaire rougissent un peu. Elle réagit comme quelqu'un qui est intimidé. Pas comme quelqu'un qui est coupable.

— Tu m'as vue ? demande Rosie. Je sais, c'est un peu enfantin, de l'enterrer, mais c'était plus fort que moi...

Cette fois, la colère est plus grande que la peur. Je ne peux m'empêcher de crier :

— *Enfantin ?!* Tu trouves *enfantin* d'enterrer un humain ?

— Un humain ? demande le père Corriveau de sa grosse voix.

Cette fois, Rosie paraît vraiment étonnée. Elle me regarde avec de grands yeux :

— Un humain ? répète-t-elle à son tour. Mais voyons, Julie… Moi-même, j'adorais Petit Chéri, mais ça reste un chat…

À mon tour de tomber de haut.

— Un… un… un chat ? C'est un chat que tu enterrais ?

— Mais bien sûr ! affirme Rosie. Mon chat, qui s'appelait Petit Chéri, est mort. Je ne savais pas quoi faire du corps, et j'ai trop aimé cet animal pour le jeter simplement à la poubelle. Alors je l'ai enterré. J'ai attendu qu'il fasse noir pour qu'on ne se moque pas de moi. Je pensais qu'à cette heure personne ne me verrait…

Le père Corriveau et sa fille m'observent d'un air étrange. Ils semblent trouver mes questions un peu bizarres. Toutes ces révélations tournent dans ma tête à une vitesse incroyable. Rosie enterrait son chat ! Mais alors, Stéphane… *Stéphane est vivant ?* C'est bien à lui qu'elle parlait au téléphone tout à l'heure ?

— Mon oncle… il va bien ?

— Évidemment qu'il va bien ! répond la bibliothécaire d'un air de plus en plus surpris. Il est dans le Bas-du-Fleuve, à la recherche de nouvelles légendes. Il reviendra la semaine prochaine. Il m'appelle tous les soirs. Je sais qu'habituellement, quand il voyage, il téléphone régulièrement chez toi aussi, mais je crois qu'il est un peu en colère contre tes parents…

Rosie fronce soudain les sourcils. Elle semble réfléchir profondément.

— Tu ne pensais quand même pas… Tu n'imaginais quand même pas que j'enterrais Stéphane ?

Penaude, je baisse la tête sans répondre. Rosie éclate de rire.

— Stéphane m'avait bien dit que tu avais beaucoup d'imagination, mais de là à croire une chose pareille ! Penser que j'enterre ton oncle ! Tu me prends pour la Corriveau, Julie ? !

Le père de Rosie éclate de rire à son tour. Lui et sa fille trouvent la blague bien bonne. Pas moi. J'ai tendance à croire Rosie, mais je ne suis pas encore complètement rassurée. Et tous deux jugent cette farce sur la Corriveau un peu trop drôle à mon goût…

— Viens, petite, je vais te reconduire chez toi, dit gentiment le père de la bibliothécaire en me prenant par la main. Tes parents vont être morts d'inquiétude.

Rosie m'embrasse sur les joues, murmure quelques mots de réconfort, me lance son sourire ravageur et referme la porte derrière nous.

•••

Le père de Rosie et moi avançons dans la rue noire. Les questions se bousculent dans ma tête : est-ce que j'ai vraiment mal jugé Rosie dans toute cette histoire ? Elle n'a rien à voir avec la Corriveau, alors ? Et Stéphane, mon oncle adoré, est sain et sauf à la recherche de nouvelles légendes ?

Ouf… Je soupire de soulagement. Tant mieux si je me suis trompée ! Soudain, un tintement métallique brise le silence de la nuit et interrompt mes réflexions. À côté de moi, le père de Rosie ne bronche pas, comme s'il n'avait rien entendu. Je n'ose pas me retourner. Si je regardais, peut-être que je verrais simplement la bibliothécaire qui est retournée au jardin pour ranger la pelle et la bêche dans la remise…

Mais peut-être aussi que je verrais la Corriveau dans sa cage… Mieux vaut regarder droit devant et ne pas me retourner. J'ai eu bien assez d'émotions pour ce soir. Je suis épuisée. Je ne rêve plus que d'une chose : rentrer sagement chez moi, aller au lit et oublier tout ça… Je presse le pas. La Corriveau peut bien rôder si elle veut, ce n'est pas elle qui m'empêchera de dormir cette nuit. Foi de Julie !

FIN

Julie et la danse diabolique

Un personnage qui porte le même nom de famille que moi… pas étonnant que la légende de Rose Latulipe m'intrigue autant ! À ce que je sache, cependant, je ne suis pas parente avec elle. En fait, rien ne prouve que Rose Latulipe a vraiment vécu, contrairement à Marie-Josephte Corriveau ou à Alexis Lapointe, dit Alexis le Trotteur, qui ont réellement existé. Rose est probablement un personnage inventé, et j'espère qu'aucun de mes ancêtres ne porte la marque du diable !

Je savais déjà qu'il existait plusieurs récits de cette légende, portant différents titres, tels « Le diable à la danse » ou « Le diable beau danseur ». Pour écrire *Julie et la danse diabolique*, j'ai exploré des dizaines de versions de cette histoire ! Cependant, je n'ai pas réussi à déterminer laquelle était ma préférée. L'oncle Stéphane a donc dû raconter quelques récits plutôt qu'un seul, cette fois !

Plusieurs lecteurs, quand je les rencontre à leur école ou dans des salons du livre, me parlent de Rose Latulipe. C'est une légende coup de cœur ! Souvent, ils me disent aussi que depuis qu'ils lisent les aventures de Julie, ils s'intéressent aux contes et légendes. Certains questionnent même leurs parents et leurs grands-parents pour en apprendre davantage ! C'est pour moi un merveilleux cadeau.

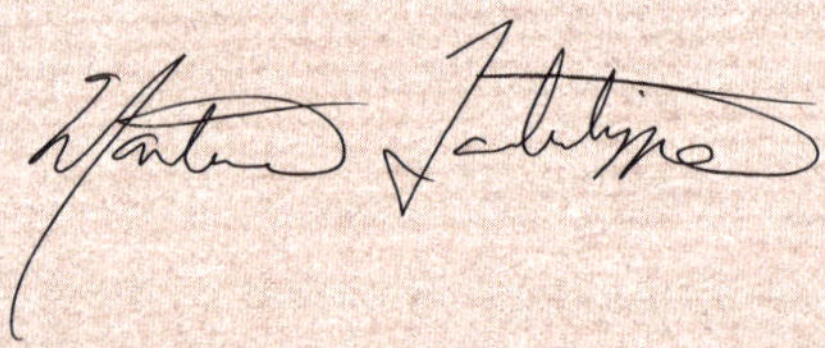

1

Le diable et les coquettes

D'habitude, moi, Julie, je ne suis pas du genre à passer des heures devant le miroir pour me faire belle. Une Julie au naturel ! Sauf que… hum hum… depuis quelques mois il y a un nouveau à l'école. Il est… comment dire… joli ? Non, bien plus que ça. Beau ? On se rapproche… Génial ? Voilà ! Il est génial. Un garçon gentil comme tout, beau comme tout, intelligent comme tout. C'est bien connu, je suis un véritable moulin à paroles. Pourtant, quand le nouveau est là, je perds tous mes moyens. Je deviens si nerveuse que j'ai du mal à parler. Le nouveau s'appelle Dominic. Dominic, c'est le plus beau prénom du monde entier.

Justement, ce soir, Dominic joue au soccer sur un terrain situé à quelques rues d'ici. Il m'a même invitée à aller le voir. Bon, pour être honnête, nous étions environ douze autour de lui quand il a dit : « J'ai un match vendredi soir et un autre samedi après-midi, si ça vous tente de venir m'encourager. » Mais j'ai bien senti qu'il s'adressait particulièrement à moi. Alors je me prépare à y aller et je suis décidée à l'éblouir. Rien de moins ! Normalement, je ne me coiffe pas. Cette fois, j'ai pris le temps de me faire deux tresses. Je me maquille très rarement. Aujourd'hui, j'ai mis du brillant à lèvres et du fard à paupières. Du brillant à lèvres transparent et du fard à paupières couleur peau, mais quand même. D'habitude, j'imagine des tonnes d'histoires de loups-garous, de sorcières, de toutes sortes de créatures bizarres. Cette fois, je rêve plutôt… au prince charmant !

Catastrophe ! J'ai tellement traîné devant le miroir pour me préparer qu'il me reste cinq minutes seulement pour me rendre au terrain. Je ne pourrai pas parler au prince charm… euh… à Dominic avant le match – c'est peut-être aussi bien : il m'intimide tellement que je ne sais jamais quoi lui dire… Je sors de ma chambre et me dirige à toute vitesse vers la cuisine. Exactement huit secondes et trois quarts plus tard, j'ai la main sur la poignée de porte, prête à sortir. Une Julie coup de vent ! Mais c'est sans compter ma mère, qui crie du salon :

— Julie, viens ici !

— Pas le temps, maman ! Je suis pressée.

— J'ai une surprise pour toi.

Je pousse un soupir énorme pour bien lui montrer qu'elle me dérange, mais je vais tout de même la rejoindre au salon.

— STÉPHANE !!!

Mon oncle est assis à côté de ma mère. Je ne savais même pas qu'il était revenu ! Stéphane est toujours en train de voyager à cause de son métier. Il est ethnologue ; il recueille plein de versions des légendes et des contes québécois et il en fait des livres. D'habitude, je peux passer des heures en sa compagnie. Stéphane, c'est mon idole, mon adulte préféré, mon oncle adoré. Mes parents courent sans arrêt, semblent toujours essoufflés ; lui prend toujours le temps de me parler et de m'écouter. Il ne rit jamais de mes peurs et croit à toutes mes histoires.

Je suis déchirée : j'aurais bien envie de m'asseoir et de parler avec mon oncle, mais je ne peux pas manquer le match… et surtout l'occasion de voir Dominic. Je me penche pour embrasser Stéphane quand, soudain, ma mère s'écrie :

— Julie, viens donc ici un peu! Mais… tu es maquillée!

— Je… non… oui… bof… peut-être… un peu… tu crois?

Stéphane sourit.

— Oh! oh! Tu vieillis, ma Julie. Tu deviens coquette. Fais attention à ne pas trop l'être. Tu sais ce qui arrive aux jeunes filles trop coquettes…

Non. Je ne le sais pas. Honnêtement, je meurs d'envie de le savoir, car les histoires de Stéphane sont toujours passionnantes. Mais si je commence à en écouter une, j'arriverai en retard à la partie de soccer. Rester? Partir? Tant pis: ma curiosité est plus forte que tout.

— Qu'est-ce qui leur arrive, Stéphane?

— Le meilleur exemple est celui de Rose Latulipe. Rose était une jeune fille très jolie, une brunette qui faisait battre bien des cœurs autour d'elle. Elle avait un fiancé, Gabriel, mais elle était coquette et aimait plaire à d'autres garçons. Et ce qu'elle adorait par-dessus tout, c'était la danse.

Ça y est, je sens que je ne pourrai pas m'en aller. Je m'installe confortablement sur le tapis, devant mon oncle qui continue:

— On est au dix-huitième siècle : c'est interdit de danser pendant le carême, puisque c'est une période de pénitence. Cette année-là, Rose veut organiser une soirée pour le Mardi gras, la veille du début du carême. Elle insiste tant que son père finit par accepter. « Mais tu dois absolument arrêter de danser avant minuit ! » précise-t-il.

Je demande à Stéphane :

— Pourquoi ? Il y avait des loups-garous dans la famille ?

Mon oncle éclate de rire.

— Pas du tout. C'est simplement qu'à partir de minuit, c'est le mercredi des Cendres. Le début du carême. À cette époque, c'est un grand péché de danser après minuit. Rose accepte la condition de son père, bien entendu. La soirée a lieu. La fête bat son plein, tout le monde s'amuse, on danse à en avoir les pieds engourdis. Rose est plus belle que jamais. Dehors, il fait tempête. Tout à coup…

Stéphane baisse la voix et se penche vers moi.

— Tout à coup, à onze heures du soir, on frappe à la porte. Un bel étranger entre. Il est très élégant, tout habillé de noir. Le père Latulipe l'invite à se joindre à eux en attendant que la tempête se calme. L'étranger demande la permission de garder ses gants et son chapeau, disant que, de toute façon, il ne restera pas longtemps, il est pressé.

Une sonnerie stridente me fait brutalement revenir sur terre. Le téléphone ! J'étais complètement absorbée par l'histoire de Rose Latulipe. Ma mère répond et tend le combiné à Stéphane.

— Pour toi, Steph. C'est Rosie.

Affolée, je regarde l'heure : j'ai déjà manqué les dix premières minutes du match ! Heureusement que l'amoureuse de mon oncle a téléphoné. Je dois y aller. Je veux savoir ce qui arrive à Rose Latulipe, bien sûr, mais je veux aussi voir Dominic ! Je murmure à Stéphane :

— On continue l'histoire à mon retour, OK ?

Et je m'éclipse.

2

Le diable et... Julie!

J'arrive au terrain de soccer tout essoufflée, les joues rouges, les mains moites. La partie est déjà en cours, évidemment. Je repère vite le prince charm… euh… Dominic sur le terrain. Je m'assois dans les gradins, en essayant de me calmer et de reprendre mon souffle. Il flotte une étrange odeur dans l'air. Une odeur insistante, qui semble toute proche. Je me retourne vivement et me retrouve face à face avec monsieur Rouleau, un homme qui s'est installé au village il y a un peu moins d'un an. Je l'ai vu à quelques reprises à la bibliothèque, mais je ne lui ai jamais parlé. Intimidée de m'être retournée aussi brusquement, je le salue. Il me jette un long regard avant de répondre. Je sens que je rougis à vue d'œil. Une Julie borne-fontaine!

— Bonjour, mademoiselle, me dit enfin l'homme d'une voix grave en touchant le bord de son chapeau.

Drôle d'idée, de porter un chapeau ; tout le village souffre de la canicule depuis des jours ! Il fait si chaud que j'ai du mal à supporter ma camisole et ma jupe. Pourtant, monsieur Rouleau est vêtu de la tête aux pieds : chandail à manches longues, pantalon noir, chapeau… et même des gants !

Ma gorge se serre. Un étranger qui garde ses gants et son chapeau quand il fait trente degrés dehors, c'est un peu louche, non ? J'aurais dû écouter la suite de l'histoire de Stéphane pour en apprendre plus sur l'inconnu de la légende de Rose Latulipe.

Je tente de me concentrer sur la partie de soccer, mais même Dominic n'arrive pas à me faire oublier cette ressemblance mystérieuse avec l'étranger de la légende. Je me retourne discrètement pour regarder monsieur Rouleau, en essayant de ne pas me faire voir. Mission impossible. Dès que je tourne un peu la tête, il me fixe droit dans les yeux et un sourire retrousse ses lèvres, laissant voir ses dents blanches étincelantes. Une idée s'impose dans mon esprit et ne le quitte plus : depuis son arrivée dans mon village, je n'ai JAMAIS vu monsieur Rouleau sans son chapeau.

Décidément, le cœur n'y est pas. Je n'ai même plus envie de regarder le reste de la partie. Je me lève et retourne chez moi en vitesse. J'espère que Stéphane y est encore.

•••

Je me précipite au salon. Ouf! mon oncle adoré y est toujours, en grande discussion avec ma mère!

— Déjà de retour, Julie? s'étonne maman.

— Oui, je… je repensais à ta légende, Stéphane.

Ma mère lève les yeux au ciel.

— Je te l'ai dit mille fois, Steph: arrête avec tes histoires. Elle est trop impressionnable!

— Je voulais savoir pourquoi l'étranger avait gardé son chapeau et ses gants à la danse.

— Ah, ça! fait Stéphane avec un petit sourire, tout content que je m'intéresse à ses légendes. C'est pour ne pas être reconnu, Julie.

Mon oncle reprend son attitude de conteur. Il s'assoit juste sur le bord de son fauteuil, penché vers moi, la voix grave, le regard perçant.

— Une fois l'étranger entré dans la maison des Latulipe, la danse continue. Personne n'a jamais vu cet homme aux manières de grand seigneur.

L'étranger invite immédiatement Rose Latulipe à danser. Tu imagines à quel point la coquette est heureuse que le bel inconnu l'ait remarquée ! Ils se mettent à tourner, à tourner encore. Rose ne peut plus arrêter, comme si ses pieds bougeaient malgré elle. Elle se sent ensorcelée. Minuit sonne. Le père Latulipe ordonne d'arrêter la danse, mais le bel étranger insiste : « Une dernière… Juste une petite danse encore… » Rose voudrait s'immobiliser, mais elle continue de tourner avec l'inconnu. Soudain, une forte odeur de soufre s'élève dans la maison et l'étranger éclate d'un rire diabolique. Il se penche pour embrasser Rose Latulipe. Du feu jaillit de ses lèvres. L'étranger était… l'as-tu deviné, Julie ?

Je réponds d'une petite voix tremblante :

— Non, je ne suis pas sûre…

— C'était le diable en personne.

Maman soupire.

— Je sens qu'on n'a pas fini d'en entendre parler…

Sans m'occuper de son commentaire, je demande :

— L'histoire finit comment ?

Stéphane jette un petit regard à ma mère avant de répondre :

— Il y a plusieurs versions, comme pour toute légende. Dans certaines, Rose Latulipe est sauvée juste à temps par le curé et elle entre au couvent. Parfois, le baiser du diable met le feu à la maison des Latulipe : elle brûle en entier et, le lendemain matin, Rose Latulipe a vieilli de cinquante ans d'un coup. Selon d'autres versions, elle devient folle, ou le sol s'ouvre sous ses pieds et elle tombe droit en enfer.

Stéphane se tait. Ma mère grommelle :

— Merci beaucoup, Steph.

Mon oncle me regarde avec attention et ajoute :

— Mais ce n'est pas ma version préférée, Julie. Celle que j'aime le mieux, je ne l'ai jamais lue dans un livre, mais plusieurs personnes âgées me l'ont racontée. Une vieille dame qui disait son chapelet dans un coin de la maison des Latulipe a reconnu le diable. Elle l'a aspergé d'eau bénite et il a disparu dans un nuage de fumée. La belle Rose Latulipe lui a donc échappé, mais elle a toujours gardé sa marque ; l'empreinte de la main du diable est restée imprimée dans son dos, comme s'il l'avait brûlée. Et plus aucun garçon n'a voulu de la coquette.

Je frotte mes yeux pour enlever le fard à paupières. Je veux que Dominic me trouve belle, c'est vrai, mais je ne veux pas attirer l'attention du diable ! Mon oncle continue :

— Tu comprends, maintenant, pour le chapeau et les gants ? Si l'étranger avait enlevé ses gants, on aurait vu qu'il avait des griffes au lieu d'ongles. S'il avait enlevé son chapeau, on aurait vite remarqué ses cornes…

— Mais quand la vieille dame lui a jeté de l'eau bénite, le diable est mort, n'est-ce pas ?

— Non, Julie, le diable ne peut pas mourir. Il est toujours là.

Ma mère, le front appuyé sur ses mains, soupire de découragement. Elle se lève et pousse mon oncle vers la porte en riant.

Moi, je n'ai pas le cœur à rire. Je pense à monsieur Rouleau, qui dégage une drôle d'odeur, qui n'enlève jamais son chapeau ni ses gants. Je pense au diable, qui sent le soufre, ne meurt jamais et qui doit bien rôder quelque part, à la recherche de coquettes. Je transpire toujours à grosses gouttes, mais ce n'est plus à cause de la chaleur. Plutôt de la peur. Pas le choix, Julie : tu dois mener l'enquête et découvrir qui est réellement ce monsieur Rouleau. Une Julie détective !

3

Invitation à la danse

Je ne sais pas où habite monsieur Rouleau. En fait, je ne sais à peu près rien de lui. Comme les Latulipe qui ne connaissaient rien du bel étranger… Ce matin, je me dis donc que la chose la plus logique à faire est d'aller voir le match de soccer de Dominic. D'abord parce que j'ai manqué pratiquement toute la partie hier. Ensuite parce que c'est une excellente occasion de revoir mon prince charm… euh… Dominic. Enfin parce qu'il est possible que monsieur Rouleau soit aussi au terrain de soccer, puisqu'il y était hier.

Avant de quitter la maison, toutefois, je dois assurer ma protection : si monsieur Rouleau était bel et bien le diable ? Et s'il était encore assis à quelques centimètres de moi ? Le diable dans mon dos… Cette idée me fait frissonner. Vite, je dois agir avant de perdre tout mon courage. Je téléphone à mon oncle.

— Stéphane, existe-t-il un moyen de se protéger du diable ?

Il hésite.

— Eh bien, les trucs religieux habituels : chapelets, crucifix, prières… Ah oui ! J'ai aussi entendu dire que les demoiselles qui dansaient le soir du Mardi gras portaient une médaille de saint Antoine pour se protéger.

Je le remercie et raccroche.

Pas de risques à prendre. Je cours voir mon père, qui comme toujours a le nez plongé dans un document qui semble terriblement sérieux et terriblement ennuyeux.

— Papa, as-tu une médaille de saint Antoine ?

— De saint qui ?…

— Antoine.

— Non, Lili, je n'ai pas de médaille de saint Antoine. Je n'ai même jamais *pensé* acheter une médaille de saint Antoine… Peux-tu me dire ce que tu veux faire avec ça, s'il te plaît ?

— C'était juste pour savoir. Comme ça… Pour voir de quoi saint Antoine a l'air.

Mon père semble sceptique. Il reste silencieux un moment, puis ajoute :

— J'ai bien une médaille de saint Joseph que mon père m'a donnée, mais c'est tout.

— Je peux te l'emprunter ?

Pour une fois, je suis contente que mon père croule sous le travail. Il regarde la pile de documents placée devant lui, pousse un soupir, renonce à me poser plus de questions. Il va chercher sa médaille dans sa chambre, revient en me tendant la chaînette. Je l'enfile immédiatement.

— Merci, papa ! À plus tard !

Je cours vers la porte avant qu'il décide de m'interroger ou avant que ma mère comprenne ce qui se passe.

Je retourne au terrain de soccer. Aujourd'hui, j'assiste à la partie au complet. Une quinzaine de minutes après le début du match, mon cœur s'arrête : Dominic lève la tête vers moi et me salue. Qu'il est beau ! Qu'il est bon ! Qu'il est… Quelques secondes plus tard, mon cœur s'arrête de nouveau – décidément, je n'aurais jamais cru qu'un match de soccer puisse être si exaltant ! Monsieur Rouleau arrive, toujours habillé des pieds à la tête. Il porte ses gants et son chapeau. Il s'assoit quelques rangées devant moi, me salue d'un sourire. Ou bien monsieur Rouleau est un vrai amateur de soccer, ou bien… il me suit ! J'ai le diable à mes trousses, foi de Julie !

J'ai du mal à attendre que le jeu se termine. J'essaie d'élaborer mon plan. Que faire ? Suivre monsieur Rouleau après la partie ? Aller lui parler directement pour lui dire que je sais qui il est ? La fin du match m'oblige à arrêter mes questionnements. Je me lève, descends des gradins. Dominic s'approche, tout sourire.

— Salut, Julie ! Beau match, hein ?

— Oui, répond une voix grave derrière moi, et elle l'a vu en entier, cette fois. Hier, elle est partie vite !

De nouveau, une étrange odeur flotte dans l'air. Je me retourne : monsieur Rouleau est derrière moi, évidemment. Je ne l'ai même pas entendu approcher. Il me lance un sourire étincelant. Je ne me trompais pas : il me suit, surveille mes faits et gestes.

Dominic reprend :

— Vas-tu à la fête du village demain après-midi, Julie ?

Notre village célèbre son cent cinquantième anniversaire. Depuis des semaines, tout le monde ne parle que de cette fameuse fête et de la grande danse qu'il y aura sur la place le dimanche après-midi. En temps normal, j'aurais donné n'importe quoi pour que Dominic me demande si j'y serai – puisque ça laisse sous-entendre qu'il a envie que j'y sois… J'aurais volontiers donné ma collection de cartes de hockey. Mes livres sur les contes et légendes. Peut-être même mon bâton de baseball. Mais je n'arrive pas à apprécier la question, trop nerveuse à l'idée que monsieur Rouleau soit au courant du moindre de mes déplacements. Je bredouille :

— Euh… oui… je pense… ça doit… peut-être ?

Je tente de me ressaisir. Je regarde monsieur Rouleau droit dans les yeux et, mine de rien, je sors ma médaille de saint Joseph de sous ma camisole. Je la tiens serrée entre mes doigts. Le diable d'homme est fait fort. Je pensais qu'en voyant ma médaille religieuse il s'enfuirait en courant, mais non ! Il fait plutôt une révérence moqueuse et me dit d'une voix mielleuse :

— Je réserve la première danse, alors, mademoiselle.

Ça y est. Le diable m'a choisie. Je suis punie pour avoir été trop coquette.

— Je ne danse pas très bien, monsieur Rouleau…

— Moi non plus. Nous formerons un couple parfait.

Sans me laisser le temps de réagir, il éclate d'un rire diabolique. Puis, il se tourne vers Dominic et tous deux se mettent à analyser dans ses moindres détails le match qui vient de se terminer, à commenter chaque but, à parler de passes et de bottés.

Je n'ai plus rien à faire ici. Inutile de suivre monsieur Rouleau. Son invitation est on ne peut plus claire. Une Julie condamnée! Il ne me reste qu'à rentrer chez moi afin de profiter pour quelques heures encore de la présence de ceux que j'aime...

4

Le diable à la danse

Je n'ai pas dormi de la nuit. Ce matin, au déjeuner, je regarde mes parents comme si je ne devais plus jamais les revoir. Je reste même à table plusieurs minutes pour les écouter parler de formulaires à remplir, de rapports à écrire et de documents à relire. Normalement, je fuis ce genre de discussion comme le diable fuit l'eau bénite… Papa et maman me regardent d'un air si étonné que je file dans ma chambre pour ne pas éveiller les soupçons. Ce sera déjà assez difficile pour eux de perdre leur fille unique, inutile de les alarmer en leur annonçant d'avance la nouvelle. À présent, je tourne en rond dans ma chambre. Perdue dans mes pensées, je sursaute quand des coups sont frappés à ma porte.

— Lili ! crie mon père. Il est treize heures. Nous partons !

J'essaie de répondre, mais j'ai la gorge trop serrée. Je marche à pas lents vers la porte, je jette un dernier regard à mon lit, aux objets que j'aime. Voilà, je suis prête. Comme Rose Latulipe il y a deux cents ans, je m'en vais danser avec le diable.

Au village, la fête est déjà commencée. Un orchestre joue et, sur la place, des dizaines de couples tourbillonnent. La canicule semble toujours bien décidée à nous rendre la vie impossible. Il fait chaud, tellement chaud… Ma camisole et ma jupe me collent à la peau. J'ai du mal à respirer. En plus, j'ai oublié de me mettre de la crème solaire, moi qui brûle au moindre petit rayon… Tant pis. J'imagine qu'un coup de soleil ou une insolation n'est rien comparé à ce qui m'attend.

Mes parents et moi, nous traversons la place, saluons des voisins, nous arrêtons ici et là pour discuter. Nous sommes arrivés depuis un peu plus d'une demi-heure quand, soudain, une odeur que je commence à reconnaître me fait sursauter : l'odeur de monsieur Rouleau. Celle du soufre, probablement. Pour être honnête, je ne sais absolument pas ce que c'est, du soufre. Mais je suis sûre que c'est ce que sent monsieur Rouleau. Je me retourne lentement. J'avais raison. Derrière moi, monsieur Rouleau est en train de bavarder avec mes parents. Toujours habillé des pieds à la tête. Il m'adresse un sourire étincelant et déclare de sa voix grave et mielleuse :

— Tu m'as promis la première danse, Julie, tu te rappelles ?

Je regarde ses gants et son chapeau en tremblant. Ses cornes et ses griffes ne paraissent pas du tout grâce à son déguisement. Je serre ma médaille de saint Joseph, je frissonne, j'ai envie de pleurer. D'appeler au secours. Je jette un regard suppliant à mes parents, qui ne comprennent rien à mon hésitation.

— Allons, Lili, ne sois pas timide, se moque mon père pendant que ma mère me pousse vers la piste de danse.

Me voilà seule, face à face avec le diable… euh… avec monsieur Rouleau. Il pose une main dans mon dos. Je sursaute comme s'il m'avait brûlée. Je jette un coup d'œil plein de détresse vers mes parents, qui me regardent avec un petit sourire tranquille. Une Julie abandonnée !

Monsieur Rouleau s'empare de ma main et nous nous mettons à valser. Peut-être que si je lui marche sur les pieds, il choisira une autre cavalière ? Il y a des tonnes de filles plus coquettes que moi au village. Mais peut-être qu'au contraire il se fâchera et que sa colère sera terrible ? Je réfléchis de toutes mes forces pendant que nous tournons, tournons et tournons encore. Soudain… BANG ! nous heurtons un autre couple. Tout le monde éclate de rire, sauf moi. Car les danseurs sont monsieur Chabot, mon voisin d'en face, que je soupçonne fortement d'être un loup-garou, et Rosie, la bibliothécaire, qui est probablement une sorcière. Les voilà en train de rigoler avec monsieur Rouleau. Je suis bien entourée…

— Désolé, mes braves, lance mon cavalier, mais cette jolie jeune fille m'a promis une danse, alors je dois vous quitter.

Ses bras m'enserrent plus fermement encore et nous nous remettons à tournoyer. Tourne encore et encore. À chaque nouveau tour, je vois le sourire inquiétant de monsieur Chabot, le regard tranquille de mes parents, les joues rouges de Rosie. Je suis tout étourdie. Je ne sens plus que la main de monsieur Rouleau posée dans mon dos. Des bribes de l'histoire de Rose Latulipe tourbillonnent dans ma tête pendant que nous continuons notre terrible danse.

« Un bel étranger demande à entrer. Il est très élégant, tout habillé de noir… L'étranger demande la permission de garder ses gants et son chapeau… »

Un autre tour de piste. Monsieur Rouleau salue au passage quelques personnes du village. Je voudrais lui dire d'arrêter de tournoyer, que je ne me sens pas bien, mais je n'arrive pas à ouvrir la bouche. Une Julie muette comme une carpe!

« L'étranger invite immédiatement Rose Latulipe à danser… Ils se mettent à tourner, à tourner encore. Rose ne peut plus arrêter, comme si ses pieds bougeaient malgré elle. Elle se sent ensorcelée… »

Combien de temps va durer cette danse? On dirait que l'orchestre ne s'arrêtera jamais. Je lève la tête vers mon danseur et je murmure:

— Je… je voudrais…

Il se contente de me lancer son sourire charmeur et continue à danser. La voix de Stéphane résonne toujours dans ma tête: « Rose continue de tourner avec l'inconnu. Soudain, une forte odeur de soufre s'élève dans la maison et l'étranger éclate d'un rire diabolique. Il se penche pour embrasser Rose Latulipe. Du feu jaillit de ses lèvres. »

Pendant que nous dansons, monsieur Rouleau et moi, je remarque une fois de plus cette odeur désagréable qui émane de lui. J'aurais dû demander à mon oncle adoré ce que sent le soufre. Trop tard: Stéphane ne pouvait pas assister à la fête aujourd'hui et, de tous ceux que je connais, c'est le seul qui aurait pu me sauver des griffes du diable.

La valse infernale se poursuit. Soudain, une main se pose sur l'épaule de monsieur Rouleau.

— Tu permets, papa?

Dominic! Mon sauveur! Il a dit… il a bien dit… papa?! Alors, «Dominic R. Laporte», c'est pour Dominic Rouleau? Voilà pourquoi monsieur Rouleau était au terrain chaque fois. Pourquoi il connaissait mon prénom. Mon cœur bat à tout rompre. Même si mes pieds se sont immobilisés, ma tête tourne encore. Mon prince charm… euh… Dominic serait donc le fils du diable? Mes jambes deviennent tout à coup molles… molles… molles…

•••

Quand j'ouvre les yeux, ma mère m'observe d'un air inquiet. Elle passe un linge mouillé sur mon visage. À ses côtés, le pharmacien, monsieur Fortin, dit calmement:

— Ne vous en faites pas. C'est probablement la chaleur. Vous avez vu son coup de soleil?

En une seconde, je revois toute la scène: monsieur Rouleau, la danse diabolique, Dominic… Je bredouille:

— Monsieur… monsieur Rouleau ? Où est-il ?

Ma mère semble étonnée.

— Eh bien, à la fête, Julie. Tu étais en train de danser avec lui et tu as perdu connaissance, ma belle. Nous t'avons emmenée au centre communautaire, ton père et moi, avec l'aide de monsieur Fortin. Comment te sens-tu ?

— Ça va. Est-ce que monsieur Rouleau a enlevé son chapeau et ses gants quand je suis tombée évanouie ?

Cette fois, ma mère paraît carrément inquiète.

— Tu es sûre que tu vas bien, Julie ?

Monsieur Fortin, le pharmacien, répond de son habituel ton tranquille :

— Monsieur Rouleau n'enlève jamais ses gants ni son chapeau, Julie. Il a une maladie de la peau qui s'appelle l'érythrodermie. Il est hypersensible au soleil. Sa peau ne doit pas être exposée, car elle brûle très facilement.

Alors monsieur Rouleau se cache du soleil ? Il ne garde pas ses gants et son chapeau pour camoufler ses cornes et ses griffes ? À moins que le pharmacien ne soit complice ? J'insiste :

— Et la drôle d'odeur qu'il dégage, alors ?

— Lili ! s'écrie mon père. Ce n'est pas très poli…

— C'est vrai qu'il sent un peu drôle, murmure le pharmacien d'un ton complice. Monsieur Rouleau croit beaucoup au pouvoir des huiles essentielles pour soigner son érythrodermie. Il ne m'a pas dit laquelle il utilise, mais elle sent très fort.

Je propose :

— De l'huile essentielle de soufre, peut-être ?

Mes parents et le pharmacien éclatent d'un grand rire, comme s'ils n'avaient jamais rien entendu d'aussi drôle.

— Impossible, répond monsieur Fortin. Le soufre est un élément chimique. Il n'y a pas d'huile de soufre. Tu sais, cette petite odeur quand on craque une allumette ? C'est l'odeur du soufre. Tu imagines une huile essentielle qui sentirait l'allumette ? !

Je ne trouve plus de questions à poser. Je suis abasourdie : me serais-je trompée sur toute la ligne ? Je me relève lentement. Une douleur dans le dos me fait grimacer. OUCH ! Ça brûle !

— Ça va chauffer quelques jours, Lili, déclare mon père. Tu as attrapé un coup de soleil terrible pendant la danse.

Ma mère ajoute :

— Tu aurais dû mettre de la crème solaire, Julie. Tu as souvent des coups de soleil, mais je ne t'ai jamais vue être aussi rouge. C'est dangereux !

Elle enlève un foulard noué sur ses cheveux, le déplie et le pose sur mes épaules.

— Pas question que tu retournes au soleil sans te couvrir un peu. La prochaine fois…

Heureusement, Dominic arrive à ma rescousse, tel un prince charmant venu sauver sa princesse ! Il entre dans la salle où nous nous trouvons et m'évite de me faire disputer plus longtemps par mes parents.

— Ça va mieux, Julie ? Tu veux retourner à la fête ?

Il me tend la main.

Comment résister ? Il est si beau… Diablement beau, en fait ! Mais si son père était le diable en personne ? Comment le savoir ? Peut-être que monsieur Rouleau n'est pas le diable, que j'ai un gros coup de soleil dans le dos, tout simplement, et que dans quelques jours plus rien ne paraîtra. Mais… HORREUR ! Peut-être aussi que je ne me suis pas trompée et qu'il m'a brûlé la peau en dansant avec moi. Peut-être que je porte à tout jamais la marque du diable dans mon dos…

Pas moyen de le savoir tout de suite. Si le coup de soleil disparaît peu à peu, je croirai le pharmacien. Sinon… une Julie marquée à jamais par la main du diable ! Comme je ne serai pas fixée avant quelques jours, autant profiter de l'invitation de Dominic tout de suite ! Je prends la main qu'il me tend. Si l'histoire de Stéphane est vraie et que je garde la marque du diable dans mon dos, plus personne ne voudra de moi, désormais… Ça m'apprendra à être coquette. Dans deux cents ans, quand les oncles voudront faire peur à leurs nièces coquettes, ce n'est plus la légende de Rose Latulipe qu'ils raconteront. Ce sera celle de Julie et de son danseur diabolique.

FIN

Julie et le Bonhomme Sept Heures

Le Bonhomme Sept Heures est un incontournable dans l'imaginaire québécois. Il a marqué plusieurs enfants des générations passées et il demeure aujourd'hui encore un des personnages les plus connus des jeunes. Parfois, quand je parle de la Corriveau ou de Rose Latulipe, les élèves que je rencontre ne les connaissent pas… mais dès que je dis « Bonhomme Sept Heures », il y a une réaction, on est en terrain connu !

Une fois mon choix arrêté sur ce personnage, il ne me restait plus qu'à trouver l'histoire… et ce fut beaucoup plus difficile que pour les trois premiers romans de la série *Julie* ! Dans les romans précédents, la légende présentée est une histoire avec un début, un milieu et une fin. Dans ce cas-ci, le Bonhomme Sept Heures est un personnage légendaire plutôt qu'une légende. D'après ce que j'ai constaté, il n'existe pas vraiment d'histoire entière à son sujet, une histoire qui serait commune à plusieurs personnes. C'est beaucoup plus vague.

Pour écrire mes livres, je m'inspire souvent de ce que je vis. Même si les légendes québécoises me ramènent des centaines d'années en arrière, je suis influencée par mon quotidien dans l'écriture de chaque roman. Quand j'ai commencé à écrire *Julie et le Bonhomme Sept Heures*, j'étais enrhumée. Un vrai gros rhume ! J'avais du mal à respirer, ça ne marchait pas… J'ai eu l'idée de faire vivre la même chose à Julie. J'ai décidé de l'enrhumer à son tour ! Comme elle remarque que le pharmacien passe tous les soirs devant chez elle à 7 heures, avec un sac sur son dos, elle se met à enquêter. Son rhume devient le prétexte idéal pour aller à la pharmacie… Tout est parti de là. Un simple rhume a été l'élément déclencheur !

1

LUNDI

À la découverte du Bonhomme Sept Heures

Chaudement emmitouflée dans trois chandails de laine, assise sur la galerie devant ma maison, je frissonne et n'arrête pas d'éternuer. Je suis la Julie la plus malheureuse de la terre. Mon oncle Stéphane est parti en tournée depuis des semaines pour recueillir de nouvelles histoires, mes parents ont comme toujours le nez plongé dans des documents terriblement sérieux et ennuyeux, et j'ai attrapé le pire rhume de ma vie. Les yeux rougis, le nez bouché, je songe à l'école qui a recommencé depuis plus d'un mois déjà… Atchoum ! Je regarde les feuilles tomber des arbres… Atchoum ! Je pense à l'hiver qui approche… Atchoum ! J'ai le moral bien bas.

Un homme marche dans la rue d'un bon pas. Je le reconnais facilement, grâce à son dos voûté et à son crâne lisse : c'est monsieur Fortin, le pharmacien. Il passe souvent devant chez moi en début de soirée, toujours à la même heure. Je devrais peut-être lui demander conseil pour mon rhume, tiens ! Mais avant que j'aie eu le temps d'ouvrir la bouche, c'est lui qui me pose une question :

— Bonjour, Julie ! As-tu l'heure, s'il te plaît ?

— Oui, il est… atchoum ! sept heures moins dix… Atchoum !

Il sursaute, comme s'il était très tard.

— Aïe, aïe, aïe ! Je dois me dépêcher ! Merci beaucoup, Julie, et soigne ton rhume.

Il repart de son étrange démarche sautillante, son dos arrondi s'éloignant rapidement dans la rue. Je voudrais bien savoir ce que le pharmacien a de si urgent à faire… Et je me demande aussi pourquoi il sort uniquement en début de soirée. Je ne le croise jamais dans les rues à d'autres moments de la journée. Monsieur Fortin ne doit pourtant pas avoir une vie palpitante, sinon, je le saurais… car je suis plutôt curieuse. Oh ! pas beaucoup, non, mais un peu, je l'avoue.

La porte s'ouvre soudain derrière moi. Je dirais que c'est… a) probablement papa qui court à son bureau chercher un formulaire qu'il a oublié ; ou b) maman qui va mettre une lettre à la poste pour son travail.

— Ça va, ma belle ?

La réponse était b. Maman. Je pousse un petit soupir et lui dis d'un ton que je tente de rendre héroïque :

— Oui, oui, ça va…

Je renifle un peu.

— Ça passera, ne t'en fais pas, maman…

Je ferme les yeux d'un air fatigué.

— Ce n'est qu'un petit *rhube*, après tout.

Inquiète, ma mère s'assoit dans les marches à mes côtés, me prend par le menton, me regarde dans les yeux.

— Non, Julie, ça ne semble pas aller…

Bingo ! J'ai gagné cinq minutes d'attention entre deux dossiers !

— Je ne sais pas ce que j'ai… Je me sens toute triste. Je m'ennuie. Ma tête tourne et j'ai le nez bouché.

Hochement de tête de la part de ma mère.

— C'est le rhume, bien sûr ; mais peut-être aussi l'automne, qui nous fait parfois cet effet, pas vrai ? Difficile de reprendre la routine après les vacances et de traverser des journées grises après avoir eu du soleil en abondance.

Elle m'enlace, me fait un gros câlin.

— Viens, Julie, on va rentrer. Je ne voudrais pas que tu aggraves ton rhume… ni que tu te fasses attraper par le Bonhomme Sept Heures.

— Par qui ?

— Par le Bonhomme Sept Heures. Tu ne le connais pas ?

— Non. Raconte-moi, maman… Atchoum !

Une étincelle s'allume dans mes yeux. Le sourire me revient. Ma curiosité est éveillée.

Au tour de maman de soupirer.

— Non, Julie. Je ne vais rien te raconter du tout. En fait, je n'aurais même pas dû mentionner le Bonhomme Sept Heures devant toi ! Il y a déjà assez de Steph qui te raconte des histoires, je ne vais pas m'y mettre. Après, tu ne nous lâches plus. Je n'ai pas envie de t'entendre raconter que le voisin d'en face est un loup-garou ou que la bibliothécaire est une sorcière. Tu devrais t'intéresser un peu plus aux gens réels au lieu de te passionner pour les personnages de légendes.

Je perds mon sourire. Mes yeux ne brillent plus.

— Et puis, de toute façon, je n'ai pas le temps, ajoute maman en se levant.

Je baisse la tête. Mes épaules s'affaissent. Si jamais un artiste a besoin d'un modèle pour peindre la tristesse, qu'il arrête ses recherches tout de suite : il a trouvé. En ce moment, je suis l'image même de la peine infinie.

Ma mère rentre dans la maison. Je la suis. Elle s'assoit à la table, devant une pile de feuilles. Je m'assois en face d'elle. Je ne dis pas un mot. Je me contente de me moucher et de respirer par la bouche en soupirant de temps en temps d'un air accablé. Maman résiste.

Elle se lève et va chercher une enveloppe dans le secrétaire près de la porte d'entrée. Je la suis encore. Pendant qu'elle fouille dans le meuble, je m'adosse contre le mur, le regard triste. Maman est vraiment forte ; elle ne flanche toujours pas.

Elle retourne s'asseoir à la table en grommelant :

— Enlève un de tes chandails, Julie, tu vas fondre sur place.

Sans dire un mot, j'enlève deux de mes trois chandails et retourne m'asseoir devant maman… qui ne peut plus tenir devant un tel assaut et finit par s'avouer vaincue ! Elle pousse un soupir énorme. Elle regarde sa montre. Sept heures dix. Je peux presque l'entendre énumérer dans sa tête ce qu'il lui reste à faire ce soir.

— Julie, c'est une vieille histoire que nos parents nous racontaient quand on était petits. Je ne suis même pas sûre de m'en souvenir…

— Quoi ? je dis, en ouvrant les yeux démesurément. Tes parents te contaient des histoires quand tu étais petite ?… Atchoum ! Chanceuse !

L'argument porte immédiatement ; une Julie rusée ! Maman ne me raconte jamais d'histoires. Elle est beaucoup trop prise par son boulot et par la vie de tous les jours. L'air coupable, elle marmonne :

— Bon, je te dis qui est le Bonhomme Sept Heures, mais je ne te raconte qu'un tout petit bout d'histoire, alors.

Mes yeux brillent.

— Quelques minutes à peine, d'accord ? insiste-t-elle.

Mon sourire s'élargit comme un arc-en-ciel.

— On y va ! Il y a très longtemps…

Une Julie aux anges ! Voilà exactement ce qui me manquait : une bonne légende ! J'appuie mon menton sur mes mains et j'écoute en silence.

— Il y a très longtemps, les parents disaient à leurs enfants, pour leur faire peur, qu'ils devaient rentrer à la maison avant sept heures le soir sinon le Bonhomme Sept Heures viendrait les enlever. Le Bonhomme Sept Heures était un homme qui traversait le village tous les soirs à sept heures. Cet homme, paraît-il, ne sortait qu'en soirée, jamais le jour.

Je ne dis pas un mot pour que ma mère continue son histoire, mais je ne peux m'empêcher de penser à monsieur Fortin, le pharmacien, que je ne vois jamais le jour et qui traverse la rue le soir d'un pas pressé, juste avant sept heures…

— Qu'est-ce qu'on raconte aussi sur ce bonhomme ? Attends que je me rappelle… Chéri ! crie alors maman en direction du salon, où papa est en train d'étudier des documents terriblement sérieux et ennuyeux. Tu te rappelles la légende du Bonhomme Sept Heures ?

Papa grommelle :

— Hum-hum.

Ses documents doivent être encore plus sérieux et ennuyeux que d'habitude. Maman ne lâche pas prise. Elle répète en haussant le ton :

— J'ai dit : TU TE SOUVIENS DU BONHOMME SEPT HEURES ?

Papa a sursauté. Sans l'avoir vu, j'en suis certaine. On entend d'abord un petit « Hein ? » confus, puis un froissement, comme s'il déposait ses papiers, et il dit enfin :

— Tu parles si je me rappelle !

Il arrive dans la cuisine en souriant.

— J'ai passé tellement de nuits blanches à cause de cette histoire que je ne suis pas près de l'oublier !

Papa s'assoit à la table avec nous et raconte :

— Le Bonhomme Sept Heures était un homme terriblement laid avec un nez crochu.

Je ne dis toujours pas un mot ; je pense au pharmacien, qui est peut-être très gentil, mais pas très joli…

— Cet homme parcourait les rues le soir venu et il ramassait les enfants désobéissants qui traînaient dehors pour les mettre dans un immense sac qu'il portait toujours sur son dos.

Je ne pourrais pas le jurer, mais il me semble, foi de Julie, que monsieur Fortin avait un sac sur le dos quand je l'ai vu passer tout à l'heure… Maman reprend la parole :

— C'est vrai ! On racontait même qu'il avait les épaules courbées à cause du poids de son sac.

Ma gorge se serre. J'ai un peu de mal à avaler ma salive. Je revois le dos voûté du pharmacien et son étrange démarche.

— Mes parents disaient qu'il portait toujours trois ou quatre manteaux un par-dessus l'autre, précise encore papa.

— Les miens racontaient qu'il avait un chapeau à cornes et que ses vêtements étaient étranges, ajoute maman.

Le moins qu'on puisse dire de l'habillement de monsieur Fortin, c'est qu'il est bizarre. Le pharmacien porte toujours des chemises hawaïennes et, par-dessus, une veste de laine, et, par-dessus encore, un manteau. Peut-être qu'il est simplement frileux, mais… ça équivaut bien aux trois ou quatre manteaux superposés du Bonhomme Sept Heures, tous ces vêtements, non ?

Tout concorde ! J'ai envie de crier, de prévenir mes parents que le Bonhomme Sept Heures existe encore et qu'il habite tout près… mais je me retiens. Papa et maman me reprochent toujours d'avoir trop d'imagination et ils ne croient jamais ce que je raconte, même quand j'ai des preuves en béton, comme c'est le cas maintenant... Je vais devoir m'occuper de cette affaire toute seule. Une Julie détective. Mais d'abord, quelque chose me préoccupe. Un peu tremblante, je demande :

— Qu'est-ce qu'il faisait aux enfants qu'il mettait dans son sac, le Bonhomme Sept Heures ?

Papa et maman se regardent d'un air interrogateur, puis mon père répond en haussant les épaules :

— On ne sait pas, Lili. Aucun des enfants qu'il aurait enlevés n'aurait pu le raconter puisqu'on ne les revoyait jamais après leur enlèvement. Le Bonhomme Sept Heures les emmenait pour toujours.

2

MARDI

Sur le terrain du Bonhomme Sept Heures

Me voilà enfin de retour à la maison ! La journée à l'école m'a paru interminable. Même le beau Dominic, devant qui je passe des heures à rêver en classe, n'arrivait pas à me faire oublier l'histoire du Bonhomme Sept Heures… Je voudrais pousser mon enquête plus loin ce soir, mais je ne sais pas trop comment m'y prendre. Ce n'est pas dans les habitudes de mes parents de me raconter des histoires. Normalement, ils travaillent toute la soirée. Je ne me souviens pas de la dernière fois où nous nous sommes assis à table tous les trois pour jaser tranquillement, comme nous l'avons fait hier. Dommage. Moi, j'ai bien aimé ce moment en famille.

Ma mission d'aujourd'hui : soutirer à mes parents le maximum d'informations afin de compléter mon portrait du personnage et de vérifier si mes soupçons sont exacts. Récapitulons : le Bonhomme Sept Heures est laid, voûté, étrangement vêtu et il porte un gros sac sur son dos. Surtout, il enlève les enfants qui traînent dans la rue après sept heures le soir. Discrètement, je m'approche de ma mère, qui est en train de préparer le souper.

— Maman… atchoum ! qu'est-ce qu'on sait d'autre sur le Bonhomme Sept Heures ?

Ma mère me regarde fixement, la cuillère en l'air. Dans le chaudron, l'eau se met à bouillonner dangereusement. Elle ne s'en occupe pas.

— Oh non, répond-elle. N'essaie pas, Julie. Je te vois venir, tu sais ; tu vas me faire le même coup que tu m'as fait avec monsieur Rouleau, quand tu soupçonnais le pauvre homme d'être le diable en personne.

Je tente de protester un peu tandis que l'eau déborde généreusement du chaudron et tombe sur le rond du poêle. Maman ne réagit toujours pas. Mauvais signe, je crois.

— Tu es consciente qu'il s'agit d'un personnage légendaire, Julie ? D'un être qui n'existe pas ?

Décidément, ma mère est trop méfiante. Je renonce. Inspecteur, faites entrer le deuxième témoin pour l'interrogatoire !

Le deuxième témoin est mon père, bien sûr. Il est assis au salon, le nez plongé dans une pile de documents terriblement sérieux et ennuyeux, selon son habitude.

— Papa, crois-tu que le Bonhomme Sept Heures sort quand il pleut ?

Dehors, il tombe une averse terrible. Je veux savoir si le pharmacien passera devant la maison ce soir.

— Non, Lili, répond papa distraitement. Il n'y a aucun enfant dans les rues quand il pleut à boire debout.

— Papa, qu'est-ce qu'on sait d'autre sur le Bonhomme Sept Heures ?… Atchoum !

— Hum ? grommelle-t-il d'abord en levant à peine la tête. Le Bonhomme Sept Heures ? Eh bien…

Papa émerge enfin de son document, me jette un regard vague, semble se concentrer profondément sur ses souvenirs.

— On sait qu'il avait une barbe…

Oh oh ! Ma théorie me semble moins sûre tout à coup. Le pharmacien n'a pas de barbe.

— Qu'est-ce que je pourrais te dire encore ? continue papa. Ah oui ! Ça va t'intéresser ! Sais-tu d'où vient le nom, Bonhomme Sept Heures ? Ça vient de l'anglais, de *bone setter*. Le *bone setter* était un ramancheur, une personne qui remettait les os à leur place quand on se blessait.

Ah ah ! Ma théorie reprend des forces. Le pharmacien travaille lui aussi dans le domaine de la santé. Papa raconte :

— Le ramancheur effrayait les enfants parce qu'il faisait parfois mal aux gens en voulant les soigner. Il arrivait même que certains parents pleurent quand le *bone setter* venait leur remettre un os en place. Pour un enfant, voir ses parents pleurer, c'est impressionnant ! Plusieurs étaient donc convaincus que le *bone setter* était un homme terrible et certains parents se sont mis à utiliser ce personnage pour faire obéir les enfants : « Si tu n'écoutes pas, le *bone setter* va venir te chercher ! » Peu à peu, *bone setter* s'est transformé en Bonhomme Sept Heures. Fascinant, pas vrai ?

Mon père se replonge dans ses documents terriblement sérieux et ennuyeux aussi vite qu'il en était sorti. Très intéressant, tout ça. Ainsi, le *bone setter* était une personne qu'on allait voir quand on était blessé… un peu comme on va voir le pharmacien de nos jours quand on a un problème de santé, non ? Ça me donne une idée ! Je cours dans la salle de bains et je fouille dans l'armoire où mes parents rangent les médicaments. Il reste à peine une goutte dans la bouteille de sirop. Parfait. Pas de décongestionnant non plus. Parfait, parfait. Absolument rien pour soigner mon rhume. Parfait, parfait, parfait.

Je vais à la cuisine et demande à ma mère d'une voix plaintive :

— Maman… atchoum ! est-ce qu'on a du sirop pour le rhume ?

— Va voir dans la salle de bains, ma belle.

— J'ai regardé, il n'y en a plus assez. J'en aurais vraiment besoin…

Maman regarde mon visage chiffonné, mes yeux gonflés, mon nez irrité. J'ajoute :

— Je n'arriverai jamais à dormir cette nuit avec ce rhume.

— On va souper, puis on ira à la pharmacie chercher ce qu'il faut, répond ma mère.

Gagné ! Une Julie débrouillarde ! Il pleut à verse, le pharmacien ne rôdera donc pas dans les rues ce soir. Je vais continuer mon enquête sur son terrain. À nous deux, mon bonhomme !

•●•

Nous arrivons à la pharmacie peu avant sept heures. Monsieur Fortin est là, derrière le comptoir, en train de servir une cliente. Pendant que maman cherche du sirop, j'en profite pour regarder partout autour, à la recherche d'indices éventuels : un chapeau à cornes, par exemple, ou une porte secrète derrière laquelle seraient cachés des enfants. Mais je ne vois rien d'aussi révélateur.

Par contre, une photo sur le mur attire mon attention. On y voit un homme voûté, avec une grosse barbe, qui pose fièrement devant une pharmacie flambant neuve. Je demande à ma mère :

— Qui est-ce ?

— Monsieur Fortin, bien sûr ! Il a longtemps porté la barbe, tu ne te rappelles pas ?

— Une barbe ! Comme le Bonhomme Sept Heures !

Maman lève les yeux au ciel. Une voix me fait sursauter, tout près de moi :

— Ai-je entendu Bonhomme Sept Heures ? interroge le pharmacien en riant. Tu connais ce personnage, Julie ?

J'hésite : lui dire non pour ne pas éveiller ses soupçons ou lui dire que j'ai en effet découvert son identité ? J'opte pour la solution la plus sûre : je ne réponds pas.

— Tes parents t'ont raconté son histoire ? insiste monsieur Fortin.

Je fais oui de la tête.

— Sympathique, pas vrai ? continue-t-il.

Je fais non de la tête vigoureusement.

— Ah, je comprends ! Ils t'ont raconté la version terrifiante… J'en connais une autre. Chez moi, tu sais ce qu'on disait ? Que si le Bonhomme Sept Heures emmène les enfants, c'est pour les inviter à un grand carnaval où ils vont pouvoir s'amuser toute la nuit sans déranger leurs parents.

Le pharmacien prend les médicaments que lui tend ma mère, tape sur sa caisse enregistreuse et nous donne le sac. S'il croit me séduire avec cette fausse version de la légende, il se trompe ! Je vois clair dans son petit jeu, moi !

— Eh bien, dit ma mère en souriant, c'est la première fois que j'entends cette version de la légende du Bonhomme Sept Heures. Elle est plus sympathique que celle que je connais !

Monsieur Fortin me jette un regard complice derrière ses lunettes et demande :

— Tu aimerais bien être emmenée à un tel carnaval, Julie ?

Je réponds non d'une petite, petite voix et je m'agrippe au bras de maman en tremblant, comme un naufragé s'accrocherait à une bouée de sauvetage. Je sors de la pharmacie à toute vitesse. Il a compris, c'est sûr. Une Julie démasquée.

3

MERCREDI

Filature du Bonhomme Sept Heures

Mercredi soir, dix-huit heures quarante-cinq. J'ai regagné mon poste d'observation sur la galerie. Il ne pleut pas, la température est même plutôt douce pour un soir de la fin septembre. Assise sur le bout de ma chaise, emmitouflée dans deux chandails, le nez toujours aussi rouge et les yeux larmoyants, je fais semblant de lire. Je ne pourrais même pas dire quel est le titre du livre que je tiens dans mes mains tellement je suis distraite. J'attends. J'attends le Bonhomme Sept Heures.

Ça ne manque pas. Quelques secondes plus tard, une silhouette voûtée s'avance dans la rue. Je la regarde venir d'un œil méfiant. Pour l'instant, le pharmacien ne peut rien contre moi, il n'est pas encore l'heure. Impossible qu'il me prenne et me jette dans son sac. Monsieur Fortin s'arrête devant moi, tout sourire :

— Bonjour, Julie ! Alors, comment vas-tu aujourd'hui ?

Je fais tout mon possible pour lui sourire à mon tour, même si je parie que le résultat ressemble plutôt à une grimace.

— Ça va un peu mieux, merci… Atchoum !

Soudain, mon cœur fait un bond : le pharmacien a déposé un sac à ses pieds. Un gros sac. Je n'aime pas mentir, mais je dois absolument en avoir le cœur net et savoir ce qui se cache dedans. Je fouille désespérément dans mon esprit enrhumé et je finis par dire :

— Euh… monsieur Fortin… si vous aviez quelques minutes… je pense que ma mère voulait vous poser une question sur les médicaments que nous avons achetés hier…

Le pharmacien hésite un instant, fronce les sourcils.

— Bon, mais quelques secondes seulement, alors ! Je suis attendu.

Il se penche vers son sac. Je m'empresse de lui dire :

— Vous pouvez le laisser là, je le surveillerai.

Monsieur Fortin hausse les épaules, il monte les deux marches qui le séparent de la porte, frappe et entre dans la maison. Je ne perds pas un instant : je me précipite sur son sac. Je l'ouvre… et alors… j'ai envie de hurler ! D'une main tremblante, je le referme et retourne m'asseoir sur la galerie. J'ai du mal à respirer tellement la peur me noue la gorge. Car dans le sac, il y a… j'ai bien vu… il y a un bonnet étrange et un long manteau.

La porte de la maison s'ouvre. Monsieur Fortin sort, suivi de ma mère, qui me jette un coup d'œil interrogateur.

— Tu as dit à monsieur Fortin que j'avais des questions à lui poser, Julie ?

— Euh… eh bien… bien oui… oui, je croyais que… Atchoum !

Calme-toi, Julie. Il va se douter de quelque chose. Je prends une grande inspiration et lance d'un seul souffle :

— Je pensais que tu te demandais… si je pouvais prendre… atchoum ! à la fois le sirop et le décongestionnant… atchoum ! Mais j'ai dû me tromper. Avec ce rhume, j'ai l'esprit tout embrouillé.

Le pharmacien et ma mère acceptent mes explications sans insister. Monsieur Fortin prend même le temps d'expliquer à ma mère comment je dois prendre les médicaments. Mon cœur palpite si vite et si fort que je l'entends bourdonner dans mes oreilles et que je ne comprends pas un mot de ce que dit le pharmacien. Celui-ci ramasse finalement son sac, nous salue et reprend sa route. Ma mère me regarde d'un air inquiet :

— Tu es sûre que ça va, ma belle ?

Je fais oui.

— Tu ne veux pas rentrer dans la maison ? Tu pourrais t'asseoir près de nous pour lire…

Je fais non. J'ai d'autres projets pour ce soir. Dès que maman referme la porte, je me lève, bien décidée à sauver les enfants du Québec. Il faut mettre fin au règne du Bonhomme Sept Heures. Oui, j'ai peur, oui, je frissonne, mais tant pis. Courage. Je dois suivre monsieur Fortin et trouver un moyen de l'arrêter. Julie part en chasse.

•••

Depuis quelques minutes déjà, je marche à bonne distance de la silhouette voûtée du pharmacien. Au bout de ma rue, il a tourné à droite, puis à gauche, et il se dirige maintenant vers un boisé. Je me cache derrière tout ce que je vois pour éviter que monsieur Fortin puisse me repérer s'il se retourne : un arbre, une poubelle, une voiture… Une Julie agente secrète. Monsieur Fortin entre dans le boisé. J'hésite. S'est-il rendu compte que je le suis ? Tente-t-il de m'attirer dans un piège ? Une fois là-bas, entre les arbres, personne ne pourra nous voir… et il doit bien être sept heures, maintenant ?

Ce n'est pas le moment de renoncer, Julie. La vie de milliers d'enfants dépend de toi ! Je fonce à mon tour vers le boisé. Personne en vue. Devant, j'entends cependant le bruit de feuilles qui craquent. Je pars dans cette direction. Monsieur Fortin me devance largement, mais je l'aperçois enfin. Je continue à le suivre. Advienne que pourra. Papa, maman, si je ne vous revois jamais, je veux que vous sachiez que je vous aime…

Soudain, à ma grande surprise, une maison apparaît au détour d'un sentier. J'ai toujours cru qu'il n'y avait aucune habitation dans ce boisé. Mais non : la maison est bel et bien là, grise, un peu négligée. Elle aurait bien besoin d'un coup de pinceau. Monsieur Fortin entre. Je m'approche à

tout petits pas, en prenant garde de ne pas trop faire bruisser les feuilles sous mes pieds. Je m'installe en petit bonhomme sous une fenêtre. Je tends l'oreille, mais impossible d'entendre ce qui se dit, la fenêtre est fermée. Je me déplie lentement et risque un coup d'œil.

Plusieurs personnes se trouvent à l'intérieur. Au moins cinq. L'une d'elles est une grande dame très élégante vêtue d'une longue robe blanche. Elle parle à monsieur Fortin, qui est en train de revêtir son chapeau et son manteau. Voilà, il doit être sept heures. La chasse va commencer. Mais pourquoi est-il ici ? Ces gens sont-ils ses complices ? Il me semble que j'aurais les idées plus claires si je n'avais pas ce fichu rhume qui me… qui me donne envie de… de… d'éternu…

— ATCHOUM !

La dame en blanc a entendu. Elle se dirige vers la fenêtre où je suis installée. Je dois m'enfuir d'ici au plus vite.

Sans réfléchir, je fonce vers les arbres en courant. Je cours, je cours, je cours… tellement que j'ai l'impression que mes poumons vont éclater. Je ne pense à rien, je fonce sans même remarquer le chemin que je prends. Je cours ainsi pendant au moins… au moins… une minute, même si j'ai l'impression que ça dure une heure ! Je n'en peux plus, je suis à bout de souffle, je tousse et j'ai du mal à respirer. Je dois m'arrêter.

Je m'effondre contre un arbre et je jette un regard derrière moi. Ouf! Personne ne m'a suivie! Je dois sortir d'ici, maintenant. J'ai une envie terrible de pleurer. Qu'est-ce que je fais là, seule dans le bois, à quelques pas à peine du Bonhomme Sept Heures? S'il m'attrape, il me jette dans son sac et je disparais à tout jamais… Fini. Terminé. Une Julie partie en fumée.

J'essaie de me calmer, de retrouver mes esprits. Allons, du nerf. Le boisé n'est pas si grand que ça; plein d'élèves de mon école viennent y jouer, j'en ai entendu parler. Il y a sûrement moyen de le traverser. Tu n'es pas perdue dans une jungle inconnue, quand même, Julie! Ressaisis-toi.

Je me relève courageusement. J'espère que le ministère de la Famille me remettra une médaille pour ce que j'accomplis au nom de tous les enfants du Québec. Je pense que je ne pourrai pas arrêter le Bonhomme Sept Heures toute seule, mais je peux au moins le dénoncer aux autorités, qui s'en occuperont par la suite. Je marche quelques minutes, perdue dans mes pensées, quand je vois soudain s'ouvrir devant moi un sentier. Celui que j'ai pris en entrant dans le boisé, je crois. Je suis donc tout près de la sortie!

Je fonce vers le sentier et, quelques secondes plus tard, les arbres se font de plus en plus rares. Me voilà de retour dans la rue ! Plus qu'à refaire le chemin en sens inverse et à rentrer chez moi. Je ne pourrai rien faire de plus ce soir, de toute façon. C'est bien assez d'émotions. Une Julie épuisée.

4

JEUDI

Confrontation avec le Bonhomme Sept Heures

Mon plan est prêt. Encore fatiguée de ma fuite d'hier soir dans la forêt, la tête pleine des images de monsieur Fortin mettant son chapeau et son manteau, je rentre chez moi. La journée d'école vient de se terminer. En arrivant à la maison, je composerai le 911 et je préviendrai la police de façon anonyme que j'ai trouvé le Bonhomme Sept Heures. Je leur donnerai l'adresse de la pharmacie, le nom d'emprunt du Bonhomme et je raccrocherai. Tant pis pour la médaille. Après réflexion, je préfère ne pas dévoiler mon identité. S'ils manquent leur coup et que monsieur Fortin réussit à s'enfuir, il ne faut jamais, au grand jamais, qu'il sache que c'est moi qui l'ai dénoncé.

Je marche d'un pas vif, pressée d'arriver chez moi. Seulement, sur le chemin entre l'école et ma maison, il y a un petit hic : je dois passer devant la pharmacie. Pas le choix, c'est sur ma route. Je vois la bâtisse à quelques pas devant moi. J'accélère encore l'allure et je baisse la tête, comme si le pharmacien pouvait voir, écrit sur mon front : « DÉNONCIATRICE ». Juste comme je passe devant la porte du commerce, elle s'ouvre et monsieur Fortin apparaît. Je garde obstinément la tête baissée. Je tente de conserver une attitude posée. Pas facile. Je n'aurais qu'une envie : me mettre à courir jusque chez moi en hurlant de peur. Mais bon, j'essaie d'avoir l'air calme. Une Julie comédienne.

— Julie, je t'attendais ! Je voulais justement te parler.

Il m'attendait ? NOOOON ! C'est un cauchemar ! Il sait que je l'ai démasqué.

— Viens, suis-moi, je vais te montrer quelque chose.

Oh, c'est affreux ! Il veut m'entraîner dans sa pharmacie !

— Euh… je suis un peu pressée.

— Mais ça ne prendra que quelques secondes, insiste monsieur Fortin. Allez, viens.

Je regarde autour de moi d'un air affolé. Personne à l'horizon. Et si je me mettais à courir de toutes mes forces pour lui échapper ? Impossible : à cause de mon rhume, j'ai le souffle court et le pharmacien aurait tôt fait de me rattraper. Comment m'en sortir ?… Je fais une dernière tentative :

— Je pourrais revenir ce soir… atchoum ! avec ma mère ?

Monsieur Fortin éclate de rire.

— Julie, arrête tes blagues et suis-moi. Tu n'as quand même pas peur de moi !

Il rit de plus belle. Son rire sonore résonne dans mes oreilles. Je n'ai pas du tout envie d'y aller. Je devrais m'enfuir en prenant mes jambes à mon cou, quitte à me faire rattraper, mais ma curiosité se met de la partie. Que tient-il tant à me montrer ? Voilà que, envers et contre tout, j'entre dans la pharmacie à la suite de monsieur Fortin. Je ne peux m'empêcher de me dire dans ma tête : « Qu'est-ce que tu fais là, idiote ? Tu te jettes dans la gueule du loup ! VA-T'EN ! » Mais non. Sans dire un mot, je suis le pharmacien. Il marche jusqu'au comptoir. Pendant ce temps, je jette des coups d'œil frénétiques autour de moi dans l'espoir que quelqu'un soit en train de faire des achats dans la pharmacie. Personne. Pas le moindre client en vue. Aucun témoin. Le Bonhomme Sept Heures m'a bien eue.

Une fois au comptoir, monsieur Fortin se penche vers moi et dit d'un ton complice :

— Alors… tu as découvert mon petit secret ?

Ouf ! Je perds le souffle, comme s'il m'avait donné un coup de poing dans le ventre. Je bégaie n'importe quoi :

— Euh… que-que-que… non ! atchoum ! Vous-vous-vous… quoi ?

La voix du pharmacien se fait rassurante :

— Ce n'est pas grave, Julie ! Ne t'en fais pas. Un jour ou l'autre, ça devait finir par se savoir.

Il se penche derrière le comptoir, prend son sac et en sort un manteau et un bonnet, ceux que j'ai déjà vus chez moi. Le costume du Bonhomme Sept Heures, quoi. Cette fois, je n'y échapperai pas. J'ai été trop loin. Adieu, la vie ! Je puise tout de même un peu dans l'énergie du désespoir pour demander au pharmacien d'une voix minuscule :

— Que faites-vous ?

— Je mets mon costume pour te le montrer.

Devant mon air affolé, monsieur Fortin demande :

— Julie, est-ce bien toi qui étais à la maison grise hier ? Je me suis peut-être trompé, après tout…

Je ne réponds pas. Pas sans la présence de mon avocat.

— Pourtant, Léa m'a dit…

Je murmure :

— Léa ?

— Mais oui, Léa Ladouceur, la veuve qui habite la maison grise. Elle donne des cours de théâtre chez elle. Je rêvais depuis des années de faire du théâtre, mais j'étais trop timide. Cette fois, je me suis enfin décidé. Et tu sais quoi ? J'ai décroché le rôle principal !

Il enfile fièrement son bonnet et son manteau qui, finalement, ressemble plutôt à une robe de chambre… Il déclare d'un ton théâtral :

— Je joue le malade imaginaire dans la pièce de Molière ! Tu te rends compte ?

Le pharmacien sourit de toutes ses dents. Il semble fier comme un enfant qui a fait un bon coup. Je n'y comprends plus rien. Je balbutie :

— Du… du théâtre ?

— Bien sûr ! Je croyais que tu le savais, Julie ! Léa m'a décrit une fillette qui regardait notre répétition d'hier par la fenêtre et j'aurais parié que c'était toi. Je ne pensais pas que le théâtre t'intéressait !

Tout à coup, comme s'il venait d'avoir une idée géniale, ses yeux se mettent à briller et il me dit, tout content :

— Tu sais ce que tu devrais faire ? T'inscrire avec moi ! Les cours sont les lundis et les mercredis soir. C'est un peu exigeant, mais tellement agréable !

Je suis sous le choc. Je reste bouche bée. Il est effectivement passé devant chez moi avec son sac lundi et mercredi. Les semaines précédentes, je le voyais régulièrement le soir, mais je n'ai pas remarqué les jours exacts où il passait. Ses explications sont crédibles… mais ça ne change rien à mes soupçons : s'il croit me séduire avec ses histoires de théâtre et réussir à m'entraîner dans cette cabane grise isolée de tout, il se trompe !

Soudain, un client entre dans la pharmacie. Ouf ! si je savais les noms de tous les saints du ciel, je crois que je les remercierais un par un. Monsieur Fortin enlève son costume en vitesse et me dit :

— Bon, au travail ! Mais tu devrais y penser, Julie. Je suis sûr que tu t'amuserais beaucoup… autant qu'au carnaval du Bonhomme Sept Heures !

Il me fait un clin d'œil et se dirige vers son client.

Sans demander mon reste, je sors de la pharmacie presque en courant et je m'en vais chez moi. J'ai peur. Je sens des gouttes de sueur couler le long de ma colonne vertébrale. Pour le moment, le supposé Bonhomme Sept Heures a gagné : je n'appellerai pas le 911 aujourd'hui pour le dénoncer. Mais toute cette histoire me semble louche. D'abord, je n'ai jamais entendu parler de cette dame qui donne des cours de théâtre dans le boisé. Ensuite, cette allusion au carnaval du Bonhomme Sept Heures n'était sûrement pas une coïncidence. Et s'il avait tout inventé pour me convaincre que je me suis trompée ? Je vais m'informer… et d'ici là, je l'aurai à l'œil, ce pharmacien ! Une Julie prudente !

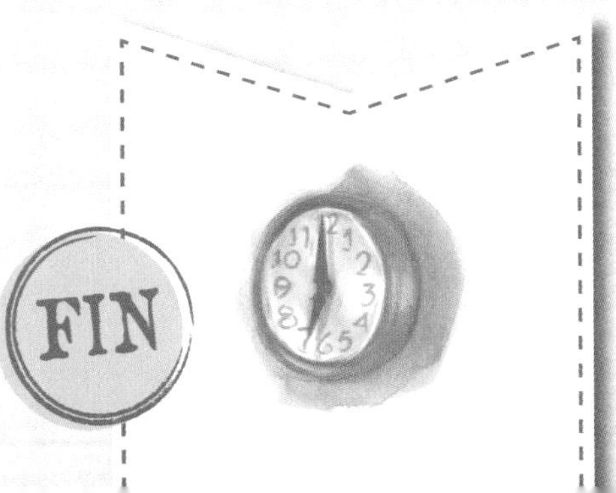

Julie et la Dame blanche

J'habite une vieille maison de plus de cent soixante-dix ans, très inspirante : les planchers craquent, les portes ne ferment pas complètement, les murs ne sont pas tout à fait droits… J'adore ! En plus, cette maison est située dans un lieu magique : sur la Côte-de-Beaupré, juste en face de l'île d'Orléans – celle qu'on a surnommée « l'isle ensorcelée », où les sorciers et la Corriveau vont danser le soir, paraît-il… Pas mal, pour quelqu'un qui écrit une série sur les légendes, non ?

Près de chez moi, il y a un autre endroit légendaire : la chute Montmorency. Je passe devant pratiquement tous les jours. Et chaque fois, je pense à la Dame blanche… Il faut dire que j'ai beaucoup de points communs avec Julie, le personnage de ma série. Comme elle, je suis curieuse. Comme elle, je me laisse vite emporter par mon imagination. Ainsi, chaque soir, en passant devant la chute majestueuse, j'observe le sommet pour voir si une forme blanche s'y promène... le fantôme de Mathilde Robin, dite la Dame blanche. Je ne peux pas non plus m'empêcher de regarder attentivement le « Voile de la mariée », cette petite chute située juste à gauche de la grande… On raconte qu'une nuit de grand vent, le voile blanc de la belle Mathilde s'est envolé et s'est posé sur les rochers. Le lendemain, quand les villageois sont passés à cet endroit, un nouveau filet d'eau y coulait, qui n'avait jamais été là avant et qu'on a baptisé le Voile de la mariée… J'ai certainement raconté cette histoire cinquante fois à mes filles !

À force de scruter la chute, d'admirer le Voile de la mariée et de parler de Mathilde Robin, j'ai fini par comprendre que je n'avais pas le choix : je devais écrire son histoire ! Je me suis installée dans ma vieille maison, j'ai écouté le plancher craquer, j'ai imaginé le fantôme de la Dame blanche flottant au-dessus de la chute, tout près, et j'ai invité Julie à découvrir sa fascinante histoire… Je lui devais bien ça, à Mathilde. Après tout, on est un peu voisines !

1
Un chant dans la nuit

Décidément, j'ai du mal à comprendre les adultes. Ma mère a demandé à Stéphane, mon oncle adoré, de me « parler ». Il doit me dire d'arrêter de m'inventer des histoires. C'est pour cette raison que Stéphane m'a proposé, avec un enthousiasme forcé, d'aller faire une promenade après le souper. C'est pour cette raison que nous marchons depuis quinze minutes dans le froid glacial qui sévit en cette fin de janvier.

— Je ne comprends pas, Steph. Pourquoi maman ne me dit pas tout ça elle-même ?

Mon oncle semble un peu mal à l'aise. Voûté, le regard fuyant, il commence par décliner toutes les personnes du singulier avant de me répondre.

— Eh bien... je... tu... elle pense que tu m'écouteras davantage. Il paraît qu'elle t'en a parlé à plusieurs reprises, mais que ça n'a rien changé.

— Tout ça parce que je pensais que monsieur Chabot était un loup-garou ?

Stéphane me regarde, intrigué, mais se contente de faire non de la tête. Alors j'insiste :

— Parce que j'ai osé comparer Rosie à la Corriveau ? Ou affirmer que monsieur Rouleau ressemblait beaucoup, beaucoup, beaucoup au diable de la légende de Rose Latulipe ?

Nouveau signe de dénégation de la part de Stéphane.

— Ce n'est pas parce que j'ai cru que le pharmacien du village était le Bonhomme Sept Heures, quand même ?

Déchiré entre la volonté de rendre service à sa sœur qu'il aime beaucoup et celle de plaire à sa nièce qu'il adore, mon oncle fait un petit signe affirmatif. Oui. Voilà la goutte qui a fait déborder le vase. Maman en a assez que je soupçonne tout le village.

— Pour être honnête avec toi, Steph, cette impression à propos du pharmacien n'était pas bête du tout. Même que j'ai encore des doutes...

Stéphane me jette un regard intéressé. Ses yeux pétillent. Je retrouve mon fidèle allié.

— C'est vrai ? Pourquoi ? Il est étrange ? Raconte-moi...

J'ouvre la bouche pour lui répondre, mais déjà mon oncle se réprimande énergiquement.

— Mais non, voyons ! Qu'est-ce que je fais là ? Ta mère me demande de l'aider et voilà que je t'encourage...

Il baisse la tête, enfouit ses poings dans les poches de son manteau. Vexée, je boude. Je ne dis plus un mot. Cela dure au moins... huit ou neuf secondes. Je n'arrive jamais à garder le silence plus longtemps. Une Julie bavarde. Je reprends donc :

— Stéphane, tu ne trouves pas étrange de me dire d'arrêter d'inventer des histoires ? Tu gagnes toi-même ta vie en racontant des légendes...

Il reste muet, hausse les épaules.

— Tu ne penses pas que c'est bizarre de me conseiller d'arrêter de voir de terribles personnages partout ? La plupart de ceux que je connais, c'est toi qui me les as présentés !

Nouveau haussement d'épaules, encore plus prononcé que le précédent. Je crois que je vais arrêter de poser des questions ; à ce rythme, j'ai peur que mon oncle se démette une épaule.

De toute façon, je n'ai plus tellement envie de parler : nous longeons le cimetière. Chaque fois que je passe ici, mon cœur se serre. J'ai beau tenter d'être rationnelle, de me dire que c'est un endroit comme les autres, ce lieu me fait toujours peur, je n'y peux rien. Surtout le soir. Les pierres tombales grises se dressent ici et là dans la neige. La lune perce la noirceur, coincée entre de lourds nuages. On entend le frémissement de la petite chute située au fond du cimetière, qui n'est pas complètement gelée. À travers le bruit de ce filet d'eau qui coule, un autre son me parvient soudain. Une voix aiguë et douce, un peu fantomatique, je dirais. Comme si quelqu'un était en train de chanter.

Je frissonne violemment, et le froid de janvier n'a rien à y voir. Je jette un regard affolé vers le cimetière, où rien ne bouge. Personne en vue. Stéphane a raison : j'ai trop d'imagination. J'ai dû inventer cette voix étrange.

— Tu entends ? me demande tout à coup mon oncle.

Je ne rêvais donc pas ? Je chuchote un petit « Oui ».

— Tu sais ce que c'est ? interroge-t-il ensuite.

Je chuchote un minuscule « Non ».

— Viens, dit Stéphane, on va aller voir ça de plus près.

Il me prend par la main et m'entraîne dans le cimetière. Nos bottes s'enfoncent dans l'épais tapis de neige. Nous ne sommes pas les premiers à passer par ici ce soir. Les pas d'une autre personne s'étalent devant nous dans l'allée principale. Effrayée, je fige sur place, refusant d'avancer. Stéphane insiste, je résiste. Mais mon oncle tire sur ma main encore plus fort.

— Allez, Julie, viens ! Il n'y a aucun danger.

Et moi, je le suis. Une Julie naïve… Ah, vraiment, ma mère a bien choisi son confident pour me parler d'imagination et me dire de me calmer !

Nous marchons en silence, guidés par la voix claire et par la piste dans la neige. Soudain, au loin, au bout de l'allée conduisant à la chute, une forme blanche et longue attire notre attention. Stéphane se cache en vitesse derrière une large pierre tombale, son doigt ganté sur ses lèvres. « Chuuuut ! » Je me blottis contre lui et je ferme les yeux. Je ne sais pas ce qu'est cette silhouette pâle qui erre dans le cimetière la nuit tombée, mais je refuse de regarder. Nous restons quelques secondes sans bouger. La voix douce s'élève toujours, chantant un air inconnu, pas très loin de nous. Mes bottes, plongées dans la neige, ne suffisent plus à protéger mes orteils du froid. Après de longues secondes, j'ouvre les yeux; à mes côtés, mon oncle regarde attentivement en direction de la chute. Je bredouille en grelottant:

— S… S… Steph? Je… je… je gèle!

— Bien sûr, ma belle! murmure Stéphane, semblant soudain se rendre compte que je suis là, à ses côtés. Viens, on rentre.

— Qu'est-ce qu-qu-que c'est, cette forme?

— C'est une dame qui chante, près de la chute. Elle porte une longue robe blanche.

— Juste une… une… une robe? Pas de manteau?

— Seulement une robe, en effet, chuchote mon oncle.

Ma voix tremble toujours et je bégaie, encore à cause du froid, mais aussi de la peur:

— Elle n'est p-p-pas humaine, Steph!

Il fronce les sourcils, plante son regard grave dans le mien.

— Qu'est-ce que tu veux dire?

— Comment p-p-peut-elle rester dehors en robe par un froid pareil ? C'est sûrement un fantôme !

— Hum… tu as raison, Julie. Elle pourrait facilement passer pour un personnage qui hante les lieux, conclut calmement Stéphane.

Il reprend ma main et me conduit hors du cimetière. Nous prenons bien soin de rester courbés, nous cachant derrière les pierres tombales, passant de l'une à l'autre à toute vitesse sans dire un mot. Surtout, ne pas attirer l'attention.

Nous marchons rapidement vers la maison. Je frissonne toujours. Une Julie terrifiée. Stéphane me dit :

— Cette personne que nous avons vue me fait beaucoup penser à la Dame blanche…

— Et qu-qu-qui est la Dame blanche ?

— Une femme qui a vécu il y a quelque deux cent cinquante ans. Un jour, elle a disparu et on ne l'a jamais revue.

— Qu'est-ce qui lui est arrivé ?

— Oh non, je ne te raconte pas ça ce soir, Julie. Je ne voudrais surtout pas t'empêcher de dormir.

C'est ce que me répond candidement mon oncle avant d'entrer dans la maison. Eh oui ! ce même oncle qui vient de m'entraîner dans un cimetière, en pleine noirceur, pour regarder une silhouette blanche chanter près d'une chute. Décidément, j'ai bien du mal à comprendre les adultes…

2
Des pas dans la neige

Depuis que j'ai terminé mon souper, je lutte contre l'envie de retourner au cimetière. Je ne dois pas y aller, je ne dois pas y aller, je ne dois pas y aller. Peut-être que si je le répète une cinquantaine de fois, j'arriverai à me convaincre. C'est ce que je me dis en enfilant ma combinaison d'hiver. Une fois mon pantalon et mon chandail mis, je m'assois sur mon lit. Je respire profondément. Je tente de me concentrer sur la petite phrase magique : NE-PAS-Y-ALLER. Une Julie qui médite.

Au bout de quelques secondes, incapable de tenir en place plus longtemps, je me précipite vers ma commode et j'en sors trois paires de bas. Des légers, des chauds et des très chauds. Je les chausse toutes les trois. Ce soir, je ne gèlerai pas. J'espère seulement que j'arriverai à entrer mes pieds dans mes bottes. Mais qu'est-ce que je dis là ? ! Je ne dois pas y aller, je ne dois pas y aller, je ne dois pas y aller…

C'est ce que je continue de me répéter en enfilant deux chandails de laine épais. J'ai du mal à bouger tellement je suis emmitouflée, et je n'ai pas encore mis mon manteau d'hiver ni mon pantalon de ski. C'est absurde, je sais pourtant bien que je ne dois surtout pas me rendre au cimetière ce soir. Ce lieu me terrifie. Me fait frémir. Me glace le sang, et pas seulement parce que nous sommes en janvier. Mais je n'arrive pas à m'enlever de l'idée la longue silhouette blanche qui y chantait hier soir. J'ai passé la nuit à en rêver et elle m'a aussi hantée toute la journée. Je n'ai fait qu'y penser à l'école, et je sens que je dois résoudre ce mystère. Ma curiosité est plus forte encore que ma frousse.

Je mets mon pantalon de ski et j'attache mon manteau. Pour compléter le tableau, j'enfonce sur ma tête ma tuque à pompon et je noue autour de mon cou mon long foulard rayé qui me cache même le nez. Je prends une grande inspiration, je marche à pas pesants vers la porte d'entrée et je lance :

— Je vais jouer sur le terrain, derrière la maison !

Je déteste mentir à mes parents, mais comme ma mère vient de demander à Stéphane de me dire d'arrêter de me raconter des histoires… ce n'est peut-être pas le moment de lui expliquer qu'une dame étrange rôde au cimetière et que je m'y rends à l'instant ! Mon père, la tête plongée dans ses documents terriblement sérieux et ennuyeux, grogne quelque chose qui sonne vaguement comme « Oumfgniouuui ». J'ignore de quelle langue il s'agit. Ma mère, un crayon à la main, les sourcils froncés, se mord la lèvre en remplissant un formulaire quelconque. Elle ne daigne même pas m'adresser la parole. Une Julie abandonnée ! Moi qui espérais que mes parents sentiraient intuitivement mon inquiétude, qu'ils se jetteraient sur moi en pleurant, en me lançant de déchirants « NOOOON ! Julie, n'y va pas, reste ici ! Je t'en prie ! » Décevant… On ne peut vraiment compter que sur soi dans la vie.

Bien sûr, j'aurais pu demander à Stéphane de m'accompagner. Mais comme il m'a lui-même conseillé d'arrêter de m'inventer des histoires, je suppose qu'il aurait refusé ma proposition pour ne pas déplaire à ma mère. Non. Il n'existe aucune autre solution. Je dois affronter la créature blanche toute seule. Je pousse un profond soupir et je sors de la maison. D'un pas décidé, je prends le chemin du cimetière. Le fantôme de la chute n'a qu'à bien se tenir.

•••

La première chose qui me vient à l'esprit en posant un pied dans le cimetière, c'est: « Tu es folle, rentre chez toi ! » Mais je résiste, je n'écoute pas ma petite voix intérieure. J'avance d'un pas tremblant dans la neige fraîchement tombée. Aucune autre piste sur le sentier ce soir; seulement mes pas frissonnants. Je tends l'oreille, mais je n'entends que le léger frémissement de la chute et, de temps à autre, le bruit d'une voiture qui passe dans la rue. Je regarde tout autour d'un œil inquiet. Que des pierres tombales grises et les ombres d'arbres agités par le vent. Quel spectacle lugubre ! Je me demande bien ce que je fais ici, à la lueur de la lune, seule au monde dans un cimetière. La petite voix dans ma tête insiste: « VA-T'EN ! ! ! »

Cette fois, j'ai bien envie de l'écouter. Surtout que je crois que… je me suis égarée ! Je n'entends plus la chute. Je m'éloigne de mon but au lieu de m'en approcher. Je fais demi-tour: où est l'allée principale ? Ouf ! me voilà revenue au bon endroit. Je suis bien passée par ici déjà car, sur la neige blanche, on voit clairement la trace de mes pas… et aussi celle d'autres pas, creusés par des pieds plus grands que les miens ! AAAAH ! ! ! Je mords de toutes mes forces dans mon foulard pour ne pas crier. Les idées se bousculent dans ma tête affolée. Ces traces n'étaient pas là tout à l'heure. Je ne suis plus seule dans le cimetière. Et l'autre personne prend visiblement soin de ne pas se faire voir puisque j'ai beau regarder de tous côtés, il n'y a rien. Peut-être parce que l'autre visiteur en question est… un fantôme ! Mais est-ce que les fantômes laissent des pistes dans la neige ?

Tout à coup, je ne tiens plus du tout à trouver la réponse à cette question. Ma curiosité a complètement disparu. Je n'ai qu'une envie : retourner chez moi, me cacher dans mon lit sous une tonne de couvertures et ne pas en ressortir avant demain matin, quand le soleil sera levé. Et si je rentre à la maison saine et sauve, je suis même prête à promettre de ne plus jamais remettre les pieds dans un cimetière, de ne plus jamais sortir seule le soir, de ne plus jamais…

Un bruit dans la nuit me fait cesser mes promesses. La gorge serrée, le cœur battant à tout rompre, je retiens mon souffle. J'entends alors clairement une voix qui chuchote :

— Julie !

Aïe aïe aïe ! Le fantôme me connaît ! Il sait même mon prénom ! Je voudrais partir en courant, mais mes pieds restent cloués au sol, comme s'ils étaient prisonniers de la neige. Deux grosses larmes roulent sur mes joues. La voix reprend, un peu plus fort :

— Julie !

Je baisse la tête et ferme les yeux, découragée. Il n'y a plus rien à faire. Je n'arrive pas à bouger, paralysée par la peur. Je voudrais appeler à l'aide de toutes mes forces, mais la boule dans ma gorge est si grosse qu'elle empêche les sons de passer. Une Julie désespérée. Je retrouve pourtant brusquement la voix quand une main me prend le bras.

— AAAAAAAAHHHHHHHH !

Je crie comme je n'ai jamais crié. Je hurle comme personne n'a jamais hurlé. Je me libère d'un mouvement brusque, je tombe sur le dos dans la neige molle. J'ouvre les yeux et je découvre, devant moi, l'air terriblement inquiet… mon oncle Stéphane, les joues rouges, la main tendue, les yeux grands comme le pompon de ma tuque.

— Julie, murmure-t-il, qu'est-ce que tu fais ici ?

Je voudrais bien lui demander ce que lui fait ici, et je voudrais bien le rassurer pour qu'il perde cet air inquiet, mais je n'y arrive pas. Je pleure trop pour répondre quoi que ce soit. Au moins, cette fois, je ne pleure plus de peur. Ce sont des larmes de soulagement qui sillonnent mes joues.

3
Une légende au cimetière

Quand je finis par me calmer, Stéphane m'explique que cette histoire l'intriguait trop. Que, tout comme moi, il y a pensé toute la nuit dernière et toute la journée. Il veut en avoir le cœur net. Tel oncle, telle nièce ! Je ne peux m'empêcher de ricaner dans mon foulard en pensant que ma mère a demandé à Stéphane de me convaincre d'être plus raisonnable…

Nous sommes seuls tous les deux, le cimetière est désert et silencieux. Une question me brûle les lèvres et, cette fois, mon oncle ne s'en sortira pas aussi facilement qu'hier.

— Steph, qui est la Dame blanche ?

Il hésite, regarde la pierre tombale à sa droite comme si elle allait le sauver et lui éviter de répondre à ma question puis, voyant qu'elle reste muette et immobile, il jette son dévolu sur celle de gauche.

— Tu peux regarder toutes les pierres du cimetière une par une, Steph, je ne partirai pas d'ici tant que tu ne m'auras pas répondu.

Une Julie bien décidée ! Ça semble impressionner mon oncle. Il finit par laisser tomber d'un ton hésitant :

— Eh bien… la Dame blanche se nommait en réalité Mathilde. Elle a vécu au milieu du dix-huitième siècle. Elle habitait près de la ville de Québec, plus précisément sur la Côte-de-Beaupré, près de la chute Montmorency.

Stéphane adore raconter des légendes. Je vois bien qu'il se laisse prendre au jeu ; peu à peu, il perd son ton hésitant et renoue avec le plaisir du conteur.

— Mathilde avait un fiancé, qui s'appelait Louis. Tous deux étaient très amoureux. Ils devaient se marier à la fin de l'été. Mathilde avait soigneusement confectionné sa robe de mariée, une longue robe blanche, mais elle refusait de la montrer à Louis. Elle voulait lui garder la surprise pour le jour des noces. Malheureusement, le mariage en question n'a jamais eu lieu…

Soudain, mon oncle se tait. Quoi ?! Il ne va quand même pas s'arrêter là ? Je demande d'un ton impatient :

— Pourquoi ? Qu'est-il arrivé ?

Stéphane soupire.

— Je ne devrais pas te raconter tout ça, Julie. Ta mère va m'en vouloir.

Je lui décoche mon plus beau sourire.

— Voyons, Stéphane ! Tu sais bien que je ne dirai rien…

Il me jette un regard sceptique. Euh… oui, bon, il a un peu raison. J'ai du mal à ne pas parler des légendes que je connais. Je suis comme lui : j'ai envie de les raconter à tout le monde, pour qu'elles continuent d'être transmises encore longtemps ! Je lui fais le coup des yeux charmeurs, de la mine implorante.

Stéphane ne met pas longtemps à se laisser convaincre. La situation est vraiment étrange : nous sommes debout dans une allée de cimetière, entourés de pierres tombales, en plein mois de janvier, emmitouflés jusqu'au nez, et mon oncle me raconte la légende de la Dame blanche !

— Il est arrivé une catastrophe à Louis et Mathilde, reprend Stéphane, résigné. Cet été-là, en 1759, une bataille eut lieu le 31 juillet, au pied de la chute Montmorency. Les forces anglaises voulaient prendre la ville de Québec. Quand les Anglais débarquèrent près de la chute, les curés ordonnèrent aux femmes et aux enfants de se mettre à l'abri dans les bois pendant que les hommes allaient combattre. Louis dut se battre, lui aussi.

La gorge serrée, je demande :

— Ils ont perdu la bataille ?

— Non ; en fait, les Français ont remporté la victoire. Le problème, c'est que, quand les hommes vinrent rejoindre les femmes et les enfants, Louis n'y était pas… Mathilde l'attendit, encore et encore. Elle demandait à tous s'ils avaient vu Louis. En effet, plusieurs l'avaient vu combattre avec bravoure, mais personne ne put lui dire ce qui s'était passé ensuite.

Je suis suspendue aux lèvres de mon oncle. Cette histoire m'intrigue et je ne peux m'empêcher de me demander pourquoi Stéphane compare la dame blanche du cimetière et cette Mathilde.

— Finalement, un groupe d'hommes revint dans les bois et annonça tristement à Mathilde que Louis était mort. Des soldats l'avaient vu s'écrouler devant l'ennemi. En apprenant cette terrible nouvelle, Mathilde devint comme folle. Elle se mit à hurler que ce n'était pas vrai. Elle partit en courant vers sa maison, enfila la robe blanche qu'elle avait si soigneusement cousue pour son mariage. Pendant des heures, elle parcourut le champ de bataille, trébuchant, s'écorchant la peau, criant sans relâche le nom de son fiancé. Personne ne retrouva le corps de Louis. On supposa qu'il avait été emporté par les eaux au pied de la chute Montmorency. Pendant des mois, chaque soir, la belle revêtait sa robe blanche et cherchait son fiancé. Un jour, Mathilde disparut. Personne ne la revit jamais plus. Mais depuis ce temps, depuis deux siècles et demi, quand la nuit tombe, on peut voir se promener, sur les rochers en haut de la chute Montmorency, une longue silhouette blanche. Plusieurs témoins ont juré qu'il s'agit d'une belle dame en robe de mariée qui pleure et qui peut marcher sur l'eau… On raconte même qu'une nuit, le voile de cette dame s'est envolé ; le lendemain matin, une petite chute qui n'avait jamais été là auparavant est apparue tout près de la grande chute Montmorency. Elle est toujours là, et on l'appelle maintenant le Voile de la mariée. Quant à la silhouette blanche, c'est le fantôme de Mathilde, qui erre à tout jamais à la recherche de son beau Louis.

C'est très rare, mais je reste complètement muette. Je ne sais quoi dire après avoir entendu cette histoire tragique. Le silence du cimetière est toutefois rapidement troublé par une autre voix que la mienne…

— C'est la Dame blanche ! Elle est revenue, murmure Stéphane. Viens vite !

Il me prend par la main et se met à courir vers l'allée principale du cimetière, puis tourne dans le sentier menant à la chute. Tout m'apparaît alors clairement : mais oui, la chute, la longue robe blanche, la dame seule… Ce ne peut être qu'elle ! La Dame blanche a choisi de s'installer au cimetière de notre village !

Nous arrivons près de la chute. Stéphane ne s'est pas trompé : encore une fois, une longue silhouette vêtue de blanc, nous tournant le dos, chante d'une voix superbe dans la nuit. À mes côtés, mon oncle chuchote :

— Mon Dieu, mon Dieu, mon Dieu !

Une douleur terrible jaillit aussitôt dans mon ventre. Qu'est-ce que Stéphane a bien pu apercevoir pour s'exclamer ainsi ? Je tourne lentement la tête vers lui. Il arbore un sourire éclatant.

— J'adore ce genre d'histoire, pas toi ?

Il n'a rien vu de plus que moi, il est tout simplement ravi de vivre cette aventure. Mon oncle est fou. Complètement fou. Et ma pauvre mère n'est guère mieux que lui, si elle lui demande de veiller sur moi ! Je murmure :

— Stéphane, tu es l'adulte. Tu devrais veiller sur moi, me dire de partir d'ici au plus vite, pas me…

Je n'ai pas le temps de finir ma phrase. J'ai peut-être parlé trop fort, ou alors le fantôme a senti notre présence. Quoi qu'il en soit, la Dame blanche a cessé de chanter et s'est tournée vers nous d'un mouvement rapide. J'en ai le souffle coupé. Je m'agrippe au bras de mon oncle d'une main tremblante. Les yeux dans ceux de la femme, je dis le plus bas possible :

— Stéphane, je la connais. Je connais la Dame blanche.

4
Des confidences dans la forêt

J'ai tout de suite reconnu la femme qui s'est tournée vers nous : Léa Ladouceur, la veuve qui habite seule dans une vieille maison grise dans la forêt et qui donne des cours de théâtre. Je me suis déjà rendue chez elle, il y a quelques mois, à l'époque où je menais une enquête sur monsieur Fortin, le pharmacien. Léa s'avance vers nous tranquillement, comme s'il n'y avait rien de plus banal que de se rencontrer en plein mois de janvier dans un cimetière, la nuit. Elle nous demande :

— Voulez-vous venir prendre le thé à la maison, demain, vers 19 heures ?

Mais oui. Comme s'il n'y avait rien de plus habituel que d'inviter de parfaits inconnus à prendre le thé chez soi, sans leur donner son adresse, en plus. Surpris, mon oncle et moi ne réfléchissons même pas. Nous nous mettons d'un seul coup à parler la langue de mon père et nous balbutions simplement : « Oumfgniouuui. » Mais oui. Comme si c'était tout à fait normal d'accepter d'aller prendre le thé chez quelqu'un qu'on ne connaît absolument pas.

•●•

Nous marchons depuis quelques minutes dans la forêt. Il est bientôt 19 heures, et nous voilà tout près de la maison de la Dame blan… euh… de Léa Ladouceur. Toute la journée, mille et un scénarios m'ont tourné dans la tête : qu'est-ce que Léa peut bien nous vouloir ? Est-elle fâchée qu'on ait découvert son secret ? Nous fera-t-elle du mal ? Je n'ose pas en parler à mon oncle, de crainte qu'il me trouve ridicule, mais je suis un peu effrayée. Stéphane me demande tout à coup, d'une petite voix que je ne lui connaissais pas :

— Julie… tu penses que ça se passera bien ? Ce n'est pas que j'aie peur, non, mais bon…

J'hésite : soupirer de découragement ou éclater de rire ? J'adore mon oncle !

Nous voilà à la porte de la vieille maison grise. Léa Ladouceur ouvre avant même qu'on ait frappé, nous invite gentiment à entrer et nous demande nos noms, tout ça sur le ton de la conversation. Elle ne semble être ni en colère ni méchante... pas plus qu'elle ne semble être un fantôme. Sur la table de la cuisine, une délicate théière, deux tasses, un verre de jus et des biscuits chauds nous attendent. À peine est-on assis que Léa entreprend de s'expliquer.

— Vous avez dû me trouver étrange, hier soir, non ?

— Euh... ben... bof... bou..., répond courtoisement mon oncle.

Je traduis :

— Un peu, oui.

Elle semble hésiter, puis raconte d'une voix douce :

— Vous savez certainement que je vis seule depuis des années parce que je suis veuve. Personne au village ne l'ignore. J'aimais profondément mon mari, Pierre. Il était un artiste exceptionnel. Nous avions un rêve tous les deux : monter un spectacle ensemble. Pierre jouait du piano et écrivait des chansons superbes. De mon côté, j'étais chanteuse et comédienne. Nous avons travaillé pendant des mois sur ce projet. J'avais fait moi-même mon costume de scène, une longue robe blanche que j'avais refusé de montrer à Pierre, pour lui réserver la surprise le soir du spectacle.

Ma gorge se serre. Une longue robe blanche, cachée à son amoureux… comme pour Mathilde ! J'écoute la suite attentivement, sans un mot. À mes côtés, Stéphane ne parle pas non plus. Il n'y a rien à dire, en fait. La Dame blan… euh… Léa semble avoir simplement besoin de parler, de raconter son histoire.

Léa continue :

— La veille du spectacle, Pierre a…

Elle se tait, cligne des yeux à plusieurs reprises, comme pour retenir ses larmes, avant de poursuivre d'une voix enrouée :

— Il a eu un accident. La route était glacée, un camionneur a perdu le contrôle de son véhicule et a percuté la voiture de Pierre. L'impact a été si fort que l'automobile a été projetée dans le fleuve, par-dessus le parapet du pont. On a repêché la voiture, mais on n'a jamais… on n'a jamais retrouvé le corps de Pierre. Je suppose qu'il a été emporté par les eaux.

Quelle histoire affreuse ! Je suis réellement triste pour Léa… Tout de même, quelle ressemblance troublante avec la disparition du corps de Louis, le fiancé de la Dame blanche… Stéphane prend la main de Léa dans la sienne. Elle esquisse un petit sourire chiffonné et conclut son histoire :

— Je ne suis plus jamais montée sur scène depuis. Je me contente de donner des cours de théâtre. J'ai arrêté de chanter, aussi. Professionnellement du moins. Mais j'ai pris l'habitude de revêtir la robe que j'avais préparée pour le spectacle et d'aller chanter près de la pierre tombale de Pierre, au cimetière du village. Même si le corps de mon mari n'a pas été retrouvé, je tenais à lui faire ériger une pierre au cimetière. Ainsi, j'ai l'impression de pouvoir aller le visiter, d'être encore un peu avec lui. J'y vais le soir, quand personne ne risque de me surprendre. Du moins, c'est ce que je croyais !

Je frissonne un peu. Son histoire ressemble tellement à celle que m'a racontée Stéphane que j'ai du mal à croire que Léa n'est pas la Dame blanche. D'un autre côté, je n'aurais qu'une envie : la réconforter, la consoler de cette douleur terrible qu'on sent chez elle. Mais je ne trouve pas les mots. Alors je me lève et je la serre dans mes bras un court instant. Mais oui. Comme si c'était la chose la plus normale du monde d'étreindre quelqu'un qu'on ne connaît pratiquement pas. Stéphane murmure :

— Peut-être que ça vous ferait du bien de retourner sur scène. De monter un spectacle. Vous avez dû garder les partitions de votre mari ? Ce serait une autre façon de vous sentir plus près de lui, non ?

— J'y ai déjà pensé, répond la Dame blan… euh… Léa. Mais je n'ai plus l'énergie nécessaire pour un tel projet maintenant. Je me fais vieille…

Stéphane me jette un regard complice ; tel que je le connais, il doit penser exactement la même chose que moi !

— Il est tard, Julie, et tu as de l'école demain. On devrait y aller.

Nous nous apprêtons donc à partir. Mais il y a une chose qui me préoccupe et que je dois d'abord demander :

— Léa… vous n'avez pas froid dehors avec votre robe, en plein mois de janvier ?

Elle semble étonnée, reste muette un court instant, puis finit par répondre :

— Je porte un manteau en dessous, bien sûr !

Je n'insiste pas, me contente d'un simple sourire. Léa Ladouceur a mis une fraction de seconde de trop pour que sa réponse soit honnête. Et puis, je me rappelle bien la robe blanche plutôt ajustée que j'ai vue dans le cimetière : elle ne portait visiblement pas de manteau dessous. Léa est peut-être une excellente comédienne, mais personne ne m'enlèvera de la tête que la Dame blanche et elle ne font qu'une.

5

Un spectacle au village

La salle municipale est bondée. À mes côtés, Stéphane sourit fièrement. Nous avons travaillé très fort tous les deux ces dernières semaines pour monter ce spectacle : il fallait louer la salle, faire des affiches, les distribuer, vendre des billets… Le plus difficile a été de convaincre la Dame blan… euh… Léa. Nous sommes allés lui rendre visite à plusieurs reprises, tous les deux, après la soirée des confidences. J'apprécie de plus en plus Léa. Je n'irais pas la visiter toute seule, bien sûr – je ne suis pas une Julie inconsciente ! Je ne sais même pas si elle est réellement humaine… –, mais j'aime bien discuter avec elle et aller la voir avec mon oncle. Comme lui, Léa a des tas d'histoires à raconter : des pièces qu'elle a jouées, des tournées qu'elle a faites, des aventures qu'elle a vécues… Quand nous lui avons parlé de notre idée de spectacle, elle a commencé par refuser fermement. Après quelques rencontres et plusieurs discussions, nous sommes retournés la voir avec Alice, une amie de Stéphane, une jeune fille vive, charmante comme tout, pétillante… et, surtout, une pianiste très talentueuse. Elle et Léa se sont tout de suite bien entendues, et notre projet a peu à peu vu le jour.

Et nous y voilà. Plus une seule place libre dans les rangées de chaises devant moi. Même mes parents ont délaissé leurs documents terriblement sérieux et ennuyeux pour cette soirée spéciale. Après tout, comme me l'a dit ma mère cet après-midi, ils sont si heureux que je m'implique dans un tel projet au lieu de passer mon temps à m'inventer des histoires… Je vois aussi dans la foule plusieurs personnes que je connais : Rosie, l'amoureuse de Stéphane, monsieur Chabot, le voisin d'en face, monsieur Fortin, le pharmacien, et, tout près de moi, monsieur Rouleau, qui est avec son fils Dominic. Oui, le beau Dominic. Oui, oui, l'irrésistible Dominic. Si mon cœur bat si fort en ce moment, c'est parce que je suis nerveuse à cause du spectacle, bien sûr, mais ce n'est pas que pour cette raison…

Soudain, toutes les lumières s'éteignent. La scène s'éclaire. La jolie Alice est assise au piano, très droite et digne. Elle se met à jouer. Au fond de la scène, une silhouette se dessine. Léa Ladouceur s'avance dans la lumière, vêtue de la longue robe blanche qu'elle a cousue elle-même il y a des années, pour son Pierre. Elle ferme les yeux et se met à chanter. Son chant s'élève, pur, cristallin. Son mari ne verra jamais ce spectacle, bien sûr, mais Léa ne chante que pour lui. Elle donne tout ce qu'elle a. Mon cœur se serre, je suis si émue que j'ai du mal à respirer. Dans la salle, tous semblent aussi retenir leur souffle. La voix de Léa est une pure merveille.

À mes côtés, mon oncle Stéphane, mon grand complice, semble bouleversé. Il prend ma main dans la sienne et la serre bien fort. Je ne peux m'empêcher de sourire. Je suis fière de Léa, fière aussi d'avoir travaillé pour rendre ce spectacle possible. De grosses larmes roulent sur mes joues et se mêlent à mon sourire. La chanson de Léa est tellement belle… Je n'arrive pas à trancher : Léa est-elle simplement une femme qui a vécu un grand chagrin d'amour ou est-elle réellement la Dame blanche, qui pleure son fiancé depuis plus de deux siècles ? Je ne sais pas. Je ne saurai jamais, probablement. Ce dont je suis sûre, en tout cas, c'est que, humaine ou fantôme, Léa Ladouceur chante comme un ange.

FIN

Julie et le feu follet

Il y a quelques années, j'étais en camping avec ma famille. Nous étions entourés d'une très, très grande quantité de lucioles (on les appelle aussi mouches à feu). Je n'en avais jamais vu autant en même temps ! Je ne sais pas si c'est à cause de la période de l'été ou du lieu où nous étions, mais c'était fascinant. Dès que la nuit tombait, partout autour de nous les petites lucioles se mettaient à clignoter. Mes filles étaient bien intriguées. « Pourquoi elles s'allument, les mouches à feu, maman ? Pourquoi il y en a autant ? » J'avais du mal à répondre, connaissant peu de chose sur le sujet. Je leur expliquais qu'il s'agissait d'insectes, tout simplement, mais malgré moi, je ne pouvais m'empêcher de trouver qu'il y avait un peu de magie dans l'air… On a beau dire, une luciole, c'est tout de même plus joli et intrigant qu'un moustique ou un taon, non ?

Nous étions donc encerclés d'une quantité phénoménale de mouches à feu tous les soirs. Il n'en fallait pas plus pour que mon esprit parte au galop ! N'y avait-il vraiment que des lucioles autour de nous ? Je me suis mise à penser aux feux follets, à ce que je connaissais de cette légende. C'était trop peu. De retour chez moi, j'ai fait des recherches : dans les livres, sur Internet, en interrogeant des gens. J'ai réuni le plus d'informations possible. Puis, ça y était, j'étais prête ! J'ai écrit *Julie et le feu follet*. J'ai laissé l'oncle Stéphane raconter la légende, j'ai permis à Rosie de déclarer que les feux follets n'existent pas vraiment, que tout peut s'expliquer. Mais au fond de moi, je suis un peu comme Julie : il y a toujours un petit doute… Je trouve qu'il reste encore beaucoup d'éléments obscurs dans les arguments de ceux qui nient cette légende ! Et je trouve aussi qu'il y avait vraiment beaucoup, beaucoup de lucioles autour de nous au camping, cet été-là… Presque trop pour que ce soit normal… Mais peut-être que je laisse juste mon imagination s'emballer un peu trop ?

1

Une Julie qui soupire

C'est le printemps ; les oiseaux chantent, les bourgeons éclosent, le soleil brille, les passants sifflotent dans la rue. Tout pour que je sois heureuse. Folle de joie. Débordante de bonheur. Mais ce n'est pas le cas. Depuis une heure, je n'ose pas sortir de ma chambre. Mes parents sont encore en train de se disputer dans la cuisine. Depuis quelque temps, ça n'arrête pas. Mon père crie :

— De toute façon, tu dis *toujours* que…

Je me bouche les oreilles en vitesse. J'attends quelques secondes, enlève mes mains et j'entends alors ma mère hurler :

— C'est toi qui ne fais *jamais*…

Mon père répond :

— Avec toi, ce n'est *jamais* bien…

Ma mère riposte :

— Selon toi, il faudrait *toujours* que…

ASSEZ ! Je ne veux plus les entendre ! Les *jamais* et les *toujours* pleuvent sans arrêt dans les discussions de mes parents.

Le cœur lourd, je regarde une photo de papa et maman posée sur ma commode. Tous deux ont leur sourire des beaux jours, et ils se regardent tendrement, complices. Il me semble qu'avant, mes parents se regardaient souvent ainsi. Ils savaient se faire rire, se parler doucement. Ils savaient être heureux ensemble. Mais c'était avant. Je ne comprends pas ce qui est arrivé. Je soupire pour la douzième fois en quatre minutes. Je dois sortir d'ici, me changer les idées. Je regarde ma montre ; il reste une heure avant que la bibliothèque municipale ferme ses portes. J'ai le temps d'y aller. Si je trouve de bons livres à dévorer pour la fin de semaine, je penserai sûrement moins aux disputes de mes parents…

Je mets une veste et vais à la cuisine, où papa et maman crient toujours. Ma mère a les joues rouges de colère, mon père a les poings serrés, tous deux se lancent des insultes. Je murmure :

— Je m'en vais à la bibliothèque.

Personne ne réagit. Ils ne m'ont probablement pas entendue. Même pas vue non plus. Ils continuent leur dispute comme si je n'étais pas là. De grosses larmes roulent sur mes joues. Je cours dans ma chambre chercher le cadre contenant la photo du temps où mes parents étaient heureux, je le mets sur la table de la cuisine avec fracas, en faisant le plus de bruit possible. BANG ! Un son sourd résonne dans l'atmosphère tendue de la pièce. Je ne dis pas un mot et je sors rapidement de la maison, les laissant seuls face à leur photo, avec leurs *jamais* et leurs *toujours*.

•●•

J'entre dans la bibliothèque municipale, qui est pratiquement déserte. Tout le monde est dehors à profiter des oiseaux, des bourgeons, des passants qui sifflotent. Il n'y a que Rosie, la bibliothécaire, et son amoureux, mon oncle adoré, Stéphane. Elle est derrière le comptoir, et Stéphane est penché vers elle, lui chuchotant des mots qui semblent beaucoup la faire rire. Je soupire encore une fois et les regarde avec envie. Ils ont l'air si heureux… Je ne sais plus depuis quand je n'ai pas vu mes parents aussi ravis d'être ensemble. Je n'ai pas le courage de saluer Rosie et Stéphane. Je me réfugie vite fait dans la première rangée venue. Une Julie malheureuse… Une voix s'élève soudain derrière moi, me faisant sursauter. À cause du tapis épais, je n'ai pas entendu mon oncle approcher.

— Tu penses changer de voiture, Julie ?

Je lève la tête. Mes yeux embrouillés de larmes aperçoivent plusieurs éditions du *Guide de l'auto* sur le rayon devant moi. Je souris un peu. Stéphane continue :

— Ça va, ma belle ?

Je ne souris plus du tout et me contente de hausser les épaules. Mon oncle me connaît bien. Il vient se placer devant moi et chuchote :

— Encore tes parents ?

Stéphane est le confident de ma mère. Il sait à peu près tout ce qui se passe chez nous. Je fais oui de la tête en soupirant. Décidément, aujourd'hui, je suis la championne des soupirs. Mon oncle me serre un instant contre lui, très, très fort, et affirme :

— Tu sais ce qui te ferait du bien, Julie ? Une histoire ! Qu'en penses-tu ?

Il a raison, bien sûr. Je raffole des légendes et Stéphane en a toujours de nouvelles à m'apprendre. Voilà qui serait parfait pour me remonter le moral ! Il me prend par le bras et me conduit au comptoir, où se tient Rosie.

— Chère Rosie, je crois que quelqu'un ici a bien besoin d'une bonne légende pour se changer les idées ! Tu ne m'en veux pas trop si je t'abandonne quelques instants ?

Au lieu de se mettre à crier qu'il la laisse *toujours* tomber, qu'elle ne peut *jamais* compter sur lui, Rosie répond doucement :

— Pas de problème, Steph. Mais... comme il n'y a personne, est-ce que je pourrais écouter aussi ton histoire ? Ça ne te dérange pas, Julie ?

Évidemment, nous acceptons tous les deux. Pour la première fois de la journée, je n'ai pas envie de soupirer.

2
Une Julie à l'écoute

Rosie sort plein de gros coussins qu'elle étend sur le sol, dans le coin des jeunes lecteurs. Nous nous installons confortablement, le dos appuyé au mur. Je me sens déjà mieux. Stéphane réfléchit.

— Hum… qu'est-ce que je pourrais bien te raconter ? Tu connais déjà les légendes du loup-garou, de la Corriveau…

Je complète :

— Et aussi celles de Rose Latulipe, du Bonhomme Sept Heures et de la Dame blanche.

Stéphane sourit, tout content de mon savoir. Il adore que je m'intéresse aux contes et légendes.

— C'est vrai ! D'ailleurs, avec l'imagination que tu as, Julie, je dois faire attention à ce que je raconte ! Tu as l'habitude de voir des loups-garous et des sorcières partout dans le voisinage !

Stéphane lance un clin d'œil complice à Rosie, qui en retour lui sourit amoureusement. Ils sont vraiment adorables, ces deux-là ! Dire que j'ai déjà pensé que la jolie bibliothécaire était le fantôme de Marie-Josephte Corriveau… Mon oncle fait mine de se concentrer profondément.

— Attends, je trouverai bien un personnage de légende qui ne peut ressembler à personne de notre entourage… Mais oui, je l'ai ! Tu connais les feux follets ?

— C'est une sorte de feu ? Un incendie ?

— Pas du tout, Julie. Les feux follets sont de petites lueurs dans la nuit. On raconte qu'elles sont parfois bleues, parfois jaunes ou orangées. On dirait de minuscules flammes qui volent dans les airs.

Je demande :

— Comme des mouches à feu ?

— Oui, ça peut ressembler à des lucioles, mais en un peu plus gros.

D'habitude, les histoires de mon oncle parlent plutôt de diable, de morts mystérieuses, de fantômes.

Un peu déçue par ces espèces d'insectes qu'il me propose aujourd'hui, je dis :

— Ce n'est pas très effrayant.

— Oh ! mais ces lueurs-là ne sont pas banales, poursuit Stéphane. Tu sais ce qu'on prétend ? Que chaque feu follet est en fait un revenant. L'âme d'une personne morte qui n'a pas pu accéder au Paradis et qui reste prisonnière sur Terre.

Ça devient plus intéressant... J'interroge Stéphane :

— Ce sont des sortes de fantômes, alors ?

Mon oncle fait signe que oui. Nous y voilà ! Une vraie légende ! Emballée, je pose aussitôt quelques-unes des multiples questions qui me viennent à l'esprit :

— Est-ce que les feux follets attendent d'être libérés ? Est-ce qu'ils sont condamnés à errer ici pour l'éternité ?

— Impossible de te répondre, Julie. Personne ne le sait. Les feux follets ne laissent pas de deuxième chance à leurs victimes. Les gens qui en ont rencontré n'ont pas pu nous raconter leur histoire. Ils ne sont jamais revenus.

Je frissonne.

— Et ces âmes perdues, elles font quoi ? Elles volent, tout simplement ?

Stéphane prend un air de conspirateur, il ferme à demi les yeux, se penche un peu vers moi et chuchote :

— Elles envoûtent les voyageurs pour qu'ils s'égarent dans la forêt. Elles brillent dans la nuit, et le promeneur se sent attiré vers la lueur. C'est plus fort que lui. Ses pieds semblent ensorcelés et ne peuvent que suivre la flamme dans le noir. Quand le voyageur paraît s'approcher du feu follet, ce dernier s'éloigne un peu, et le voyageur le suit. Alors la lueur s'éloigne davantage, il la suit encore, charmé par sa lumière, sans réfléchir… Tu comprends ? L'âme des défunts tente d'entraîner des promeneurs solitaires vers la mort à leur tour. On ne compte plus le nombre de personnes qui, attirées par les lueurs vives des feux follets, les ont suivies pendant des heures avant de se retrouver complètement perdues dans le bois, en grand danger.

Rosie intervient :

— Il me semble qu'il était aussi question d'eau dans cette légende, non ?

— Oui, en effet, confirme Stéphane. On raconte que, souvent, les feux follets entraînent le voyageur jusque dans un lac ou une rivière pour qu'il se noie, ou encore vers un précipice immense pour qu'il y tombe. Une légende québécoise rapporte même que le père Dargis, de Trois-Rivières, se serait fait attaquer sur l'eau, dans sa barque, par des feux follets. Personne n'est à l'abri, nulle part!

La gorge un peu serrée, les yeux grands ouverts, je suis complètement absorbée par l'histoire de Stéphane. J'en oublie presque les *toujours* et les *jamais* de mes parents. Rosie pose une main rassurante sur mon épaule.

— Tu sais, Julie, ce n'est qu'une légende. Les feux follets n'existent pas réellement. Tout peut s'expliquer.

Un peu déçue, je demande:

— C'est vrai?

Stéphane hoche la tête, pas très convaincu.

— Un phénomène scientifique pourrait être à l'origine de la légende des feux follets. Vois-tu, on a cru que les feux follets étaient des revenants parce qu'on les apercevait surtout dans les cimetières, les marécages, dans tous les lieux où il y a une forte décomposition organique.

— Pourquoi? Qu'est-ce que tu veux dire par «décomposition organique», Steph?

— Quand les corps se décomposent, précise mon oncle, au cimetière, par exemple, il se dégage un gaz qui s'enflamme de lui-même dès sa sortie du sol. Ça donne de jolies flammes bleues. Ces lueurs, nos ancêtres les ont appelées les feux follets.

Je n'arrive pas à cacher ma consternation.

— Mais alors, ce n'est pas une vraie légende comme les autres ? C'est juste un phénomène naturel ?

Stéphane hésite, puis finit par admettre :

— Les gens très raisonnables le croient, oui. Mais comment peuvent-ils expliquer que ces flammes se déplacent, attirent les voyageurs dans les bois pour les conduire jusqu'à une rivière ? Impossible. Il faut qu'il y ait autre chose. Quelque chose de surnaturel…

Rosie s'exclame d'un ton amusé :

— Arrête, Steph ! Tu vas faire peur à Julie avec tes histoires !

Je lui réponds de mon air le plus confiant :

— Pfft !… Ça m'en prend pas mal plus que ça, Rosie.

Pourtant, quelque part dans mon esprit, je vois virevolter les mystérieuses petites flammes. Les âmes des personnes qui n'ont pas pu accéder au Paradis. Celles des revenants. Malgré ce que j'ai dit à Rosie, je dois l'avouer: ces images me font frissonner. Une Julie un peu effrayée…

3
Une Julie dans les bois

Je rentre chez moi. L'atmosphère est terriblement tendue entre mes parents. C'est insupportable. Je décide d'aller faire une promenade dans les environs. Je sais que la nuit tombe, mais je ne peux pas me résoudre à rester ici. Ma mère fait du ménage en grommelant que c'est *toujours* elle qui ramasse tout, que mon père ne fait *jamais* rien dans la maison. Pendant ce temps, mon père, le nez dans une pile de papiers, se plaint qu'il paye *toujours* les factures, que ma mère n'a *jamais* su gérer son argent. Avant de me remettre à soupirer, je sors marcher dans le voisinage.

Tout est calme. Ici et là, des gens discutent doucement sur les balcons. La lune est ronde et belle.

Au bout de la rue, je tourne en direction d'un petit boisé. Je le longe distraitement, plongée dans mes pensées. Soudain, un mouvement vif attire mon attention quelques mètres devant moi. Une boule orangée se déplace rapidement dans l'air. Une mouche à feu, probablement. Je m'arrête, regarde plus attentivement. Cette chose me semble trop grosse pour être une simple luciole. Les battements de mon cœur s'accélèrent. Heureusement que je ne suis pas peureuse… Je sais bien que les feux follets dont m'a parlé mon oncle cet après-midi n'existent pas. C'est du moins ce que je me dis en marchant à petits pas vers la supposée mouche à feu. Je répète dans ma tête: « Les feux follets n'existent pas, les feux follets n'existent pas… »

Je continue de m'approcher de la lueur orangée, qui s'enfonce brusquement dans le boisé. Voilà. Elle a disparu. Je n'ai plus qu'à retourner chez moi. C'est ce que ferait toute personne raisonnable, non ? Eh oui, c'est bien le problème. Je suis connue pour être curieuse. Fouineuse. Imaginative. Tout sauf raisonnable, quoi ! Les paroles de Stéphane se frayent un chemin jusqu'à mon esprit. « Chaque feu follet est en fait un revenant. L'âme d'une personne morte qui reste prisonnière sur Terre… » J'ai un peu peur, je dois l'admettre, mais mes pieds semblent continuer d'avancer malgré moi, directement vers l'endroit où se tenait la petite lueur quelques secondes auparavant.

La voix de Stéphane résonne encore dans mes oreilles, comme si elle venait de très loin. « Ces âmes attirent les voyageurs pour qu'ils s'égarent dans la forêt. Elles brillent… le voyageur les suit… charmé par leur lumière, sans réfléchir… » Je murmure d'une voix tremblante :

— Tu ne vas pas entrer là-dedans, Julie…

Trop tard. Me voilà maintenant dans les bois. Toute seule. Dans le noir. Avec la lueur orangée qui est revenue briller devant moi, plus loin, dans un sentier étroit. Je m'approche d'elle de nouveau. Des branches craquent sous mes pieds. Je frissonne, mais j'ai une envie folle de voir où cette petite boule de feu va me mener. Je ne pense plus, je ne réfléchis plus. J'avance simplement. La mouche à feu s'éloigne. Je la suis. Elle bifurque vers un autre sentier. Je tourne aussi. Je marche quelques minutes, les yeux fixés sur elle, et soudain, plus rien. La lueur a disparu. Encore.

Je cligne des yeux plusieurs fois, comme si je m'éveillais. Je cherche autour, mais non, il n'y a absolument rien. Je suis bel et bien seule, en plein cœur du boisé. Je me rends compte de ma situation, tout à coup. Qu'est-ce que je fais là ? Où suis-je exactement ? Je me suis souvent promenée dans ce bois, mais je ne reconnais plus rien autour de moi. Ma tête se met à tourner. Stéphane a dit : « On ne compte plus le nombre de personnes qui,

attirées par les lueurs vives des feux follets, les ont suivies pendant des heures avant de se retrouver complètement perdues dans le bois, en grand danger. » J'ai envie de hurler. Ça y est, je suis perdue ! Comme j'ai été bête de suivre cette lueur ! Une Julie tête de linotte !

Une petite lueur réapparaît à ma gauche, entre les feuilles. Je sais, je devrais m'éloigner au plus vite, mais voilà que je me dirige de nouveau vers la flamme, sans plus réfléchir. Je fais quelques pas et je sursaute terriblement en entendant une voix.

— Julie ?

Je m'immobilise sur-le-champ. Je n'arrive plus à respirer, ni même à avaler ma salive. Ma gorge est bien trop serrée. Mes épaules sont si crispées qu'elles me font mal. La voix répète :

— Julie ?

Des pas s'approchent derrière moi. Stéphane ne m'a pas précisé si les feux follets sont comme les loups-garous et peuvent parfois redevenir des humains, mais une chose est sûre : le feu follet que je suivais a retrouvé sa forme humaine. Je me retourne, vois une silhouette et me mets à crier :

— AAAAHHH !

— Julie, calme-toi, c'est moi, Alice.

En effet, en y regardant de plus près, je distingue la jolie Alice sous le capuchon sombre. C'est une amie de mon oncle Stéphane. Je la connais depuis que nous avons organisé un spectacle ensemble. Elle jouait du piano pour accompagner Léa Ladouceur, une femme qui habite dans le boisé et qui donne des cours de théâtre. Les idées circulent à toute vitesse dans ma tête. En quelques secondes à peine, je pense à ce que tout le monde dit d'Alice au village : « Est-elle assez pétillante, cette Alice ! » « Elle est vive et si chaleureuse ! » Tous ces mots m'étourdissent : chaleureuse, vive, pétillante… comme un feu follet ? La pianiste serait-elle une âme prisonnière sur la Terre ? Une revenante ?

— Je t'ai effrayée ? m'interroge doucement Alice.

Ne pas lui montrer ma peur, surtout. Ne pas lui laisser voir qu'elle me terrorise. Une Julie courageuse ! Je bredouille :

— Non. Non, non, non. Tu… tu ne m'as pas fait peur. Je… j'étais juste contente de te voir. Je criais parce que je voulais dire : « AAAAHHH ! c'est toi, Alice ! »

Elle ne semble pas convaincue du tout. Je me demande bien pourquoi. Alice m'interroge :

— Qu'est-ce que tu fais ici, toute seule ?

J'ai une terrible envie de lui poser la même question. Mais je me contente de répondre :

— Je me promenais et je me suis perdue.

— Tu ne devrais pas te promener dans le bois à la noirceur, Julie, m'avertit Alice en faisant quelques pas et en me tendant la main.

Veut-elle me rassurer ? M'agripper pour que je ne puisse pas me sauver ? Ça y est, je sens que ma fin approche. Une Julie condamnée ! Je tremble comme une feuille. Je ferme les yeux une seconde et une autre voix, beaucoup plus grave que celle d'Alice, me fait bondir.

— Bonsoir, mesdemoiselles.

C'est plus fort que moi, je me remets à crier.

— AAAAHHH !

J'ouvre les yeux. Un homme vêtu de noir, que je ne connais pas, est aux côtés d'Alice. Un complice ? C'est une réunion de feux follets qui ont repris leur forme humaine, et je suis leur invitée surprise, c'est ça ? À moins que je sois leur buffet ?…

— Désolé, dit l'inconnu, je ne voulais pas vous faire peur.

— Je… je n'ai… pas eu peur du-du-du tout.

L'homme paraît surpris. Alice dit d'un ton un peu ironique, il me semble :

— Tu étais contente de le voir aussi ?

Je fais oui de la tête. Alice reprend en regardant le nouvel arrivant :

— Bonsoir, monsieur le curé. Vous allez bien ?

Le *curé* ? J'ai bien compris ? Si seulement mes parents m'emmenaient à l'église de temps en temps, je l'aurais reconnu !

— Très bien, merci, Alice, répond l'homme. Je faisais ma petite balade du soir et vos voix m'ont attiré. Tout va bien ?

— Oui, oui. Je revenais de chez Léa quand j'ai aperçu Julie. Elle s'est égarée en se promenant dans le bois.

Le curé plante ses yeux dans les miens :

— Tu ne devrais pas t'aventurer ainsi, seule, le soir. Viens, nous allons te raccompagner.

Je pousse un immense soupir, de soulagement cette fois. J'ai tout compris : ce regard insistant et fort, cette incitation à ne pas sortir seule… Le curé n'est pas un complice, au contraire. Il vient de me sauver la vie ! À cause de son statut religieux, il peut certainement distinguer une âme en peine d'un humain normal, et il est venu à ma rescousse. Ouf ! S'il n'était pas arrivé, qui sait ce qu'Alice aurait pu me faire ?

Nous prenons tous les trois la route du retour. Au début, encore sous le choc, je les laisse bavarder entre eux. Ils se connaissent bien, puisque Alice joue parfois de l'orgue à l'église. Je retrouve peu à peu mon assurance et, en arrivant dans ma rue, je ne peux m'empêcher de demander à Alice :

— Tu as dit que tu revenais de chez Léa. Si je ne me trompe pas, nous n'étions pas du tout près de sa maison, dans le bois. Pourquoi passais-tu par là ?

Elle semble surprise, répond d'un ton hésitant :

— Mais… je… j'avais simplement décidé de marcher un peu en rentrant chez moi.

Ah bon. Mais oui. Bien sûr. Toute seule dans le bois, en pleine noirceur. Très crédible. Je n'ajoute rien de plus. J'ai tout compris, et le curé aussi, sûrement. Je cours vers chez moi, j'ouvre la porte, me retourne et lance un clin d'œil complice à l'homme qui m'a sauvé la vie. Avant que la porte se referme, j'ai le temps d'apercevoir l'air surpris d'Alice le feu follet et celui encore plus ahuri du curé du village. La jolie Alice a beau être vive, pétillante et chaleureuse, moi, Julie, je vois clair dans son petit jeu !

4
Une Julie sceptique

En revenant de l'école, je m'arrête chez mon oncle Stéphane. Je pense continuellement à la scène d'hier soir. Je suis de plus en plus certaine qu'Alice est une âme perdue. J'essaie de voir comment je pourrais me débrouiller seule face à un feu follet, mais je n'y arrive pas. Je n'en connais pas assez sur le sujet : comment délivrer un feu follet ? Plus important encore, comment *échapper* à un feu follet ?

Je frappe à la porte de mon oncle à plusieurs reprises, mais personne ne vient répondre. Sa voiture n'y est pas non plus. J'espère qu'il n'est pas parti pour quelques jours, comme il en a l'habitude à cause de son travail… J'ouvre mon sac d'école, je déchire une feuille dans un de mes cahiers et je griffonne : « Je dois te parler au plus vite, Stéphane ! » Je signe mon nom, j'écris URGENT sur ma feuille pliée en deux et je glisse mon message dans sa boîte aux lettres.

Quand j'arrive chez moi, mon père est devant la cuisinière, en train de préparer le souper. Il a les traits tirés, le regard triste. Je n'arrête pas de m'en faire avec les chicanes de mes parents, alors j'imagine que c'est encore plus difficile pour eux…

— Salut, papa !

— Allô, ma belle Lili ! Tu as passé une bonne journée ?

Je me contente de lui dire oui. Même si j'ai pensé sans arrêt à la légende racontée par Stéphane. À un feu follet rencontré dans la forêt. Aux disputes de mes parents.

— Maman n'est pas là ?

— Non, elle a une réunion. Elle va rentrer plus tard, ce soir.

Pendant tout le souper, nous évitons soigneusement le sujet. Aucun de nous deux ne parle de la situation à la maison. J'ai même l'impression que mon père est soulagé de ne plus avoir à me faire la conversation quand je me plonge dans mes devoirs… en soupirant, évidemment.

Vers 20 heures, on frappe à la porte avec insistance. Papa est dans son bureau, je travaille à la table de la cuisine. Sans même attendre qu'on vienne répondre, mon oncle entre, se précipite vers moi, les joues rouges, essoufflé, le regard paniqué.

— Ça va, Julie ? Qu'est-ce qui se passe ? Je suis venu aussi vite que j'ai pu. Il est arrivé quelque chose ? Où sont tes parents ? C'est grave ?

Il s'arrête enfin quelques secondes pour reprendre son souffle. Je lui demande :

— D'autres questions, Steph ?

J'éclate de rire, mais je m'empresse tout de même de le rassurer :

— Calme-toi, viens t'asseoir. Il n'est rien arrivé de grave. Mais je l'ai échappé belle…

— C'est tes parents, hein ? À cause de leurs disputes ?

Je l'avoue, je m'en veux d'avoir inquiété mon oncle à ce point.

— Non, non, ce n'est pas ça. J'ai besoin de toi parce que… hier soir… j'ai rencontré un feu follet !

— UN FEU FOLLET ?! hurle mon oncle.

Je grommelle :

— Parle plus fort, Steph, je pense qu'il y a un voisin trois rues plus loin qui ne t'a pas entendu…

Ça ne manque pas, bien sûr ; en entendant ce cri, papa sort de son bureau.

— Ah, c'est toi, Stéphane ! Tu vas bien ?

— Euh… oui-oui, merci, bredouille mon oncle.

Je me dépêche de quitter la table et de prendre Stéphane par le bras pour l'entraîner ailleurs avant qu'il raconte tout à mon père. Mes parents prétendent que j'ai trop d'imagination, que je vois des personnages de légendes où il n'y en a pas. Les disputes sont déjà bien assez nombreuses dans cette maison, n'en rajoutons pas !

— Stéphane venait me chercher pour une promenade. À tantôt, papa !

Sans laisser à mon père le temps de réagir, nous sortons dehors, mon oncle et moi. Dès que Stéphane pose le pied sur le trottoir, il éclate :

— Un feu follet, franchement, Julie ! Je me suis inquiété ainsi pour… un feu follet !

Je m'empresse de tout lui raconter : la lueur près du boisé, le fait que j'aie été attirée dans la forêt malgré ma volonté, que je me sois perdue même si je connais l'endroit, l'arrivée d'Alice, le curé venu à mon secours.

— Voilà, dis-je, une fois mon histoire terminée. Tu sais tout. Maintenant, j'ai absolument besoin de toi, car le curé ne pourra peut-être pas toujours m'aider. Il ne me connaît même pas. Il a déjà été très gentil d'intervenir...

Stéphane secoue la tête d'un air découragé.

— Julie, voyons... Personne n'est intervenu dans quoi que ce soit. Tu as rencontré Alice en te promenant, c'est tout. D'ailleurs...

Il plante ses yeux dans les miens. Il semble vraiment mécontent.

— D'ailleurs, quelle idée d'aller seule dans le bois le soir ! Promets-moi que tu ne feras plus jamais ça ! C'est très dangereux, Julie. Tu aurais pu te perdre réellement. Rencontrer n'importe qui... Je devrais même le dire à tes parents.

Je le regarde de mon air le plus suppliant, mais il continue, insensible à mon charme :

— Tu dois arrêter de penser qu'il y a des personnages de légendes partout. Premièrement, Alice est une de mes bonnes amies, Julie. Elle ne ferait pas de mal à une mouche. Deuxièmement, je n'ai jamais entendu parler d'un feu follet qui reprenait sa forme humaine. Troisièmement, il y a des tas de lucioles dans les parages. Vas-tu me laisser un message urgent chaque fois que tu en verras une ?

Je baisse la tête, fais semblant de le croire un peu. Cependant, au fond de moi, je sais que la boule de feu était trop grosse pour être une simple mouche à feu. Je sais aussi qu'Alice n'était pas du tout près de la maison de Léa. Mon oncle a beau essayer de se montrer persuasif, je l'écoute sans me laisser convaincre. Une Julie sceptique. Quand il se tait, je demande d'une toute petite voix :

— Quand même… juste au cas, pourrais-tu me dire comment on fait pour se débarrasser d'un feu follet ?

Stéphane lève les yeux au ciel. Il pousse un soupir encore plus grand que tous ceux que j'ai poussés depuis quelques jours. Mais il finit tout de même par me répondre… Je l'adore, mon oncle !

— Comme dans toutes les légendes, il existe plusieurs versions différentes. J'ai souvent entendu dire que les feux follets sont attirés par les reflets du métal. Pour se débarrasser d'eux, il faut, par exemple, brandir une aiguille. Le feu follet va essayer de passer dans le chas de l'aiguille, encore et encore. Il devient si obsédé par cette tâche qu'il en oublie tout le reste. Il ne tente plus d'égarer les voyageurs, il ne pense qu'à traverser le chas. J'ai même déjà entendu une version positive de cette légende… On dit que, si tu réussis à attraper un feu follet entre tes mains, tu peux lui demander d'exaucer un souhait. Ce que tu veux. Tu lui rends ensuite sa liberté. En plus, le fait d'en avoir attrapé un te protège de tous les autres feux follets.

J'esquisse un sourire ravi. J'ai tout retenu. Me voilà prête à affronter n'importe quel feu follet. Stéphane me gronde encore un peu pour la forme, même si je vois bien qu'il n'est pas réellement fâché contre moi :

— Mais n'oublie pas, Julie : ce n'est qu'une *légende*. Alors tu laisses Alice tranquille, d'accord ?

Je m'empresse de faire oui de la tête, j'embrasse mon oncle sur la joue, puis je rentre chez moi à toute vitesse. Je dois me préparer. J'ai des projets pour la soirée.

5
Une Julie comblée

C'est vrai, mon oncle m'a demandé de ne plus aller seule dans le bois. Mais je n'ai jamais répondu… Je ne me suis engagée à rien, en fin de compte ! Je vais donc droit dans le bureau de mon père. Mon plan est bien établi dans ma tête.

— Papa, où est-ce que je pourrais trouver une aiguille ?

Mon père lève à peine la tête des documents terriblement sérieux et ennuyeux qu'il lit.

— Une quoi, Lili ?

— Une aiguille.

— Une aiguille ? s'exclame enfin mon père, étonné, délaissant ses papiers un instant. Pour quoi faire ?

— Euh… très bonne question. Excellente, même. C'est pour… pour…

Mon plan n'était peut-être pas encore tout à fait au point, finalement. Je réussis à improviser une réponse.

— Pour… euh… pour recoudre un bouton sur ma veste.

— Ah bon, fait papa, pensif. Mais… il me semble que ta veste a une fermeture éclair, Lili, non ?

Je lance impatiemment :

— Bon, laisse faire, si c'est trop compliqué ! Je vais m'arranger.

Je quitte le bureau d'un pas pressé. Une Julie exaspérée !

Je me rends directement à la cuisine. Je fouille dans le tiroir où mes parents ont l'habitude de jeter un tas d'objets pêle-mêle et je finis par y dénicher… une épingle à couche. Je sais, ce n'est pas exactement une aiguille, mais c'est ce que j'ai trouvé de mieux. Ça marchera peut-être. De toute façon, selon mon plan, je n'aurai besoin ni de l'épingle ni d'une aiguille, mais mieux vaut être prudente…

Je sors en fermant la porte tout doucement, pour que mon père ne m'empêche pas d'exécuter ma mission. Il y a un feu follet dans mon village et je dois m'occuper de cette situation. S'il fallait que quelqu'un s'égare dans la forêt, tombe dans un précipice ou dans un lac… Bon, pour être honnête, il n'y a pas de précipice ni de lac dans le petit boisé au bout de ma rue mais, encore là, mieux vaut être prudente. Mon idée n'est pas de coincer le feu follet grâce à mon épingle à couche. Je veux l'attraper, tout simplement, afin qu'il réalise mon vœu. Et puis, qui sait ? Si je permets au feu follet d'accomplir une bonne action, son âme sera peut-être libérée ?

Le plan paraissait simple, chez moi. Pourtant, plus j'approche du boisé, plus mon cœur bat à grands coups. Si jamais le feu follet était plus rapide que moi et réussissait encore à m'égarer ? Arrête de t'inquiéter, Julie ; l'heure est à l'action, pas à la réflexion. À l'orée de la petite forêt, je l'aperçois soudain. La boule orangée. La lueur mystérieuse, trop grosse pour être une mouche à feu. Elle est là. Je ne la regarde pas trop, pour ne pas perdre ma concentration et me laisser séduire encore une fois par la flamme. J'avance doucement, doucement, sans faire de bruit, en l'espionnant du coin de l'œil. Je tremble un peu, mes yeux sont agrandis par la crainte et par mes efforts pour voir dans l'obscurité, mais je ne renonce pas.

Tout en m'approchant, je glisse discrètement mon épingle dans la poche de ma veste. Quand je suis à quelques pas à peine du feu follet qui continue de voleter dans les airs, je prends une grande inspiration et… hop ! Je bondis !

Je l'ai ! Je n'en reviens pas ! C'était presque trop facile ! Comme si… comme si le feu follet *voulait* être attrapé. Mais oui, bien sûr ! C'est ça ! Alice veut que je libère son âme prisonnière ! Les mains serrées l'une contre l'autre, je regarde autour de moi pour être bien certaine. Plus de lueur. Je jette un œil entre mes doigts joints : un petit reflet orangé s'agite dans mes mains. Je chuchote :

— C'est moi, Alice, c'est Julie. N'aie pas peur, je ne te veux pas de mal. Je veux juste que tu réalises mon souhait…

Debout dans la nuit, sous le ciel étoilé, seule sur le trottoir, tout près du boisé, je murmure mon vœu. Puis j'ouvre mes mains et la petite créature s'envole. D'aussi près, ça peut en effet ressembler à une luciole… Je me remets à soupirer. Et si c'était vraiment juste une luciole ? Et si je m'étais trompée sur toute la ligne ? Comment une simple mouche à feu pourrait-elle réaliser mon vœu ? L'esprit plein de doutes, je rentre à la maison. Une Julie découragée…

En me rendant à ma chambre, j'aperçois mon père et ma mère, assis au salon. Pour une fois, personne ne crie. Ils discutent, regardent des feuillets. Sûrement le formulaire de demande de divorce… Je leur glisse un rapide « Bonne nuit » au passage, et je me mets au lit. Je m'endors en pensant au vœu que j'ai fait sous les étoiles… Au vœu qui ne se réalisera probablement pas…

•••

À 7 heures exactement, je me réveille. La porte de ma chambre est ouverte et j'entends des voix parler dans la cuisine. Oui, oui, parler. Pas crier. Je dois rêver. Je me pince le bras. Aïe ! Ouch ! Non, je ne rêve pas. Je tends l'oreille : pas de *toujours* ni de *jamais* lancés à tue-tête, juste une conversation normale. Je me lève, vais vers la cuisine. Surprise, je vois mes parents, à table, en train de prendre calmement un café et un croissant.

— Bonjour, Lili ! Bien dormi ? demande papa.

— Euh… oui.

— Tu veux un croissant ? propose maman.

— Euh… oui.

Puis, mon père dit :

— Il faut qu'on te parle.

Ça y est. Ils vont m'annoncer qu'ils se séparent. Qu'ils divorcent. Ils vont me demander avec qui je veux aller vivre. Ma mère interrompt mes réflexions.

— Nous t'avons beaucoup négligée, Julie. Nous en sommes désolés.

— En fait, nous avons tellement consacré de temps au travail, tous les deux, ces dernières années, que nous avons négligé beaucoup de choses importantes… Comme notre couple, ajoute tendrement papa.

— Nous avons eu une longue discussion, hier soir, poursuit ma mère. Ça ne peut plus continuer ainsi. Nous allons faire de gros efforts. Essayer de garder du temps pour nous deux.

Elle ajoute avec un sourire ravi, en pointant du doigt les papiers que je les ai vus feuilleter hier soir :

— Nous avons même décidé de partir en voyage, en amoureux, pour une semaine. Nous ne l'avons jamais fait ! Il nous reste seulement à choisir la destination. Stéphane s'occupera de toi.

— Tu vas voir, Lili, dit papa, les choses vont changer. Tu sais, ta mère et moi, nous nous aimons toujours.

Pour une fois, je suis ravie d'entendre ce *toujours*. La gorge serrée, émue, je sens que je vais me mettre à pleurer.

Je me lève de table et cours vers ma chambre. Je prends la photo de mes parents, sur ma commode, et je reviens vers eux. Papa et maman se tiennent par la main. Ils se sourient tendrement, puis se tournent vers moi avec un sourire tout aussi doux. Je regarde la photo, je regarde mes parents, devant moi. Encore une fois la photo, encore une fois mes parents. Ils sont pareils. Vraiment pareils. Le même amour, la même complicité… Je ne retiens plus mes larmes. Elles roulent sur mes joues. Que Stéphane ne vienne plus jamais me dire que les feux follets n'existent pas, après ça. Hier soir, j'en ai attrapé un, et il a exaucé mon vœu ! J'ai retrouvé les parents de ma photo ! Je chuchote à voix très basse :

— Merci, Alice !

Et je cours enlacer mes parents. Une Julie rassurée.

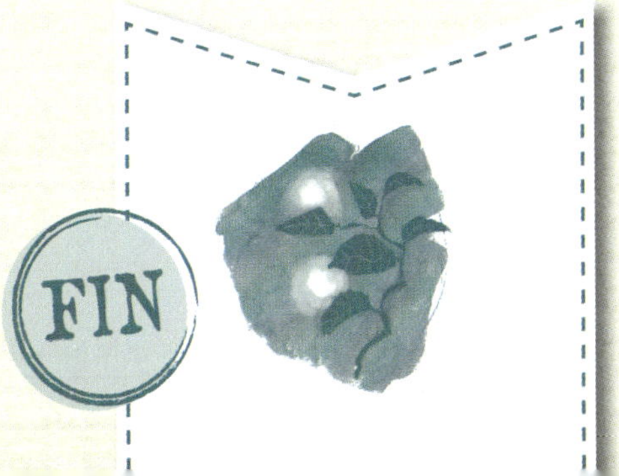

Julie et la messe du revenant

Ce qu'il y a d'étrange, quand on écrit une série, c'est que le personnage ne nous quitte jamais tout à fait... J'ai publié la première aventure de Julie (*Julie et le visiteur de minuit*) en 2002 et, depuis, pendant toute l'année, même quand je n'écris pas, Julie est là, quelque part dans ma tête. J'entends une nouvelle version d'une légende et je pense à elle. Je vois quelque chose de mystérieux, d'intrigant, et la voilà qui réapparaît dans mes pensées !

Chaque été, avec mes filles et mon conjoint, je passe deux ou trois semaines dans un chalet, situé sur le bord du fleuve Saint-Laurent. Tout près, il y a une chapelle mignonne comme tout. Un soir d'été, un gros orage a éclaté. Du chalet, je regardais la chapelle. Le ciel au-dessus était noir et lourd, traversé d'éclairs, et la petite chapelle, que je trouve toujours si jolie, avait soudain l'air un peu effrayante dans ce décor orageux. Je me suis mise à penser à une légende qu'un professeur m'avait racontée à l'université. Un jeune homme égaré dans la forêt par une nuit de tempête se réfugie dans une chapelle hantée par le fantôme d'un prêtre condamné à redire sa messe jusqu'à ce que quelqu'un sauve son âme… Évidemment, Julie n'était pas loin ! J'avais l'impression qu'elle tapotait impatiemment sur mon épaule en me chuchotant à l'oreille : « Vas-y, Martine, prends des notes ! Qu'est-ce que tu attends ? C'est ma prochaine aventure ! »

Alors, j'ai obéi à Julie. J'ai noté tout ce qui me traversait l'esprit : l'orage très fort, la chapelle, le curé condamné… De retour chez moi, j'ai fait des recherches un peu plus poussées et j'ai découvert qu'il existait plusieurs versions différentes de cette légende. J'ai choisi les trois qui m'inspiraient le plus, et elles ont servi de point de départ à *Julie et la messe du revenant*, le septième roman de la série.

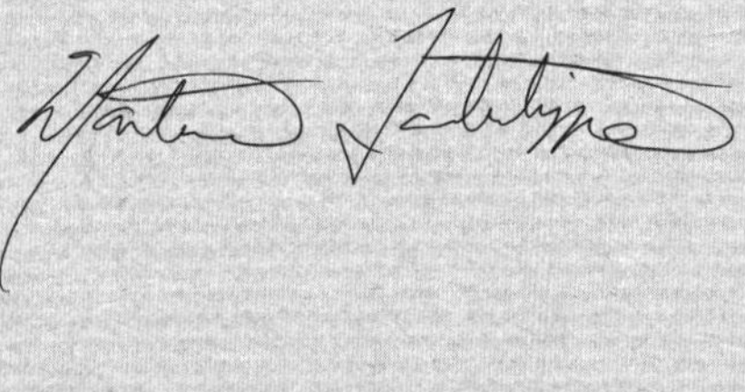

1
Une Julie joyeuse !

Assise sur le balcon devant ma maison, je relis la même ligne de mon roman pour la septième fois. Pas parce que je n'aime pas mon livre ; il est excellent. Pas parce que je suis malheureuse ; je souris toute seule, sans arrêt. C'est plutôt parce que je n'arrive pas à me concentrer. Je suis trop excitée. Une Julie heureuse comme tout !

Ce soir, pour la première fois depuis que je suis née, mes parents partent en voyage. Tous les deux, en amoureux. Je vais m'ennuyer d'eux, bien sûr, mais j'aime imaginer mon père et ma mère se promenant main dans la main, au loin ! Il n'y a pas si longtemps, mes parents se disputaient tout le temps… La situation a beaucoup changé depuis quelques semaines. Grâce aux efforts de mes parents, bien sûr, mais aussi grâce au souhait que j'ai murmuré au feu follet, j'en suis persuadée. En plus, pendant leur absence, c'est Stéphane qui vient me garder. C'est l'été, il fait beau, et j'ai droit à une semaine de vacances entière avec Steph, mon oncle adoré ! Nous passerons une semaine mémorable !

Voilà pourquoi je suis assise dehors. Parce que j'attends Stéphane, qui devrait arriver d'une minute à l'autre. Et aussi, pour être honnête, parce que je n'en pouvais plus de voir mes parents courir de tous côtés dans la maison en posant mille et une questions.

— Julie, as-tu vu ma brosse à cheveux bleue ? demande maman.

Avant que j'aie le temps de répondre, papa m'interroge :

— Lili, sais-tu où est la serviette de plage jaune ?

— Tu n'oublies pas de dire à Steph à quelle heure tu rentreras quand tu vas chez une amie, n'est-ce pas, Julie ?

— Tu seras prudente, ma belle Lili ? demande encore mon père.

— Tu penseras à nous un peu ?..., lance ma mère d'une petite voix inquiète.

— Tu écouteras bien Steph ?

Étourdie par toutes ces questions, j'ai pris une grande inspiration et j'ai déclaré très vite, d'une traite :

— Promis, je dirai toujours à Steph où je suis, avec qui et quand je rentre ; oui, je serai prudente, oui, je penserai à vous, oui, j'écouterai tout, tout, tout ; la brosse bleue est dans le deuxième tiroir de la salle de bains et la serviette jaune est dans la sécheuse.

Puis, je me suis emparée d'un livre et je suis sortie sur le balcon avant d'être ensevelie sous d'autres questions.

Un promeneur se dessine bientôt au loin, sur le trottoir. Je reconnais vite la démarche sautillante du curé de la paroisse, le père Louis. Chaque soir, il marche dans le village, s'arrêtant ici et là pour discuter avec tout le monde. Il ne manque jamais de me saluer depuis que j'ai fait sa connaissance, il y a quelques semaines, quand il m'a sauvée des griffes d'un feu follet – je sais, les feux follets n'ont pas de griffes, c'est juste une manière de parler. Le père Louis passe devant moi et me lance de sa voix forte :

— Allô, Julie ! Belle soirée, pas vrai ? Tu viendras me voir à la messe, dimanche ?

Il s'éloigne sans attendre de réponse. Il sait très bien que mes parents et moi n'allons jamais à la messe, mais il m'invite chaque fois qu'il me voit. Il prend vraiment son travail à cœur. Je le trouve bien sympathique, ce curé, même s'il a un drôle de regard… Un regard intense, soutenu, un peu inquiétant. Comme si, lorsqu'il examine quelqu'un, il tentait de voir au fond de son âme. Mais bon, si j'en parlais, mes parents diraient sûrement que je m'en fais pour rien et que j'ai trop d'imagination. Comme d'habitude.

De toute façon, mes pensées ne s'attardent pas plus longtemps sur le père Louis car la petite voiture jaune de Stéphane débouche enfin au coin de la rue. Elle s'arrête dans l'entrée de la maison. Mon oncle en émerge avec un sourire large comme le balcon. Il détache son vélo de son support, puis sort deux valises et un sac du coffre. Il ouvre ensuite la portière et prend sur la banquette arrière une autre valise. Un sac. Un casque de vélo. Un porte-documents et son ordinateur portable. Un autre sac…

— J'espère que je n'ai rien oublié, s'inquiète mon oncle en rentrant le dernier sac dans la maison.

Ouf! Heureusement que je n'y étais pas quand il a fait ses bagages! J'aurais eu droit à deux autres millions de questions!

Par la suite, tout va très vite. Le taxi qui doit déposer mes parents à l'aéroport arrive. Papa et maman lancent à toute vitesse à Stéphane les mêmes recommandations qu'ils lui ont dites hier soir. Puis, mon oncle pousse mes parents vers la porte en les obligeant à sortir, leur rappelant qu'ils vont manquer leur avion s'ils ne partent pas immédiatement. Mes parents m'embrassent vingt-sept ou vingt-huit fois et ils montent enfin dans le taxi. Ils s'éloignent en agitant la main, en riant aux éclats, tout énervés et excités. C'est si beau de les voir ainsi… Une Julie aux anges !

Stéphane s'installe. Le temps qu'il range tous ses bagages, il est déjà passé vingt et une heures. J'ai un peu peur qu'il déclare : « Allez, au lit, maintenant ! » Mais non. Stéphane jette plutôt un œil par la fenêtre et s'exclame :

— Quelle magnifique soirée ! Va vite mettre un chandail chaud, Julie, on va faire un feu !

Vraiment, je l'adore, mon oncle !

Nous sortons des chaises de camping que nous plaçons au fond du terrain, devant le foyer dont mes parents ne se servent presque jamais. Stéphane réunit quelques bouts de bois et allume le feu. Les flammes orangées s'élèvent rapidement. Mon oncle vient s'asseoir près de moi.

— Tu as envie d'entendre une histoire, Julie ?

Tu parles ! Je veux toujours des histoires ! Mon oncle est un ethnologue, un spécialiste des contes et légendes. Il trouve différentes versions de chacun de ces récits et il en fait des livres. Stéphane est le meilleur conteur du monde, j'en suis certaine ! J'accepte donc avec enthousiasme.

— Qu'est-ce que je pourrais bien te raconter ? s'interroge Stéphane. *Le Petit Chaperon rouge* ? *La Belle au bois dormant* ?

Il éclate de rire en voyant mon air déçu.

— C'est une blague, Julie ! Tu sais bien que je vais te raconter une légende. Une dont je ne t'ai jamais parlé, je crois. On l'appelle la légende de la Messe de minuit. Tu la connais ?

Je réponds non d'un ton ravi. Puis, je m'installe confortablement. Calée dans ma chaise, je croise mes mains derrière ma nuque, je laisse mon regard se perdre dans le ciel noir piqueté d'étoiles. Un mince croissant de lune brille d'une lumière douce. La voix de mon oncle s'élève dans le silence de cette soirée magique.

— Voici l'histoire, Julie…

Je souris.

Une Julie au paradis !

2

Une Julie curieuse

Stéphane se penche vers moi, plisse les yeux et se met à parler d'une voix basse et mystérieuse. C'est ainsi chaque fois qu'il joue au conteur… J'en frissonne déjà !

— Comme pour toutes les légendes, Julie, il existe plusieurs versions différentes de la Messe de minuit. Laquelle choisir ?… Attends, je sais ! Je vais te raconter cette histoire comme Pierre-Joseph-Olivier Chauveau l'a racontée en 1877. Sans tous les détails, mais…

J'interromps mon oncle :

— Oui, Steph, je veux tous les détails possibles !

— Alors, attention, bonnes gens, voici la Messe de minuit…

— Quand tu parles de « messe de minuit », Steph, c'est la messe de la veille de Noël ?

— Non, c'est seulement qu'à minuit, chaque soir… Oh ! et puis attends, petite impatiente ! Tu verras bien ! Je commence…

Je frémis d'excitation sur ma chaise de camping. Les yeux fixés sur ceux de mon oncle, les oreilles grandes ouvertes, je ne veux perdre aucune de ses paroles.

— Ça se passe dans la région de l'Islet. Un soir, un jeune homme sort de chez un ami, où il a fait la fête…

— Il s'appelle comment ?

Stéphane soupire.

— Je ne sais pas, Julie. Appelons-le… Jean, d'accord ? Tu me laisses raconter l'histoire, maintenant ?

Je hoche la tête sans répondre. Je suis trop curieuse. J'ai toujours mille questions en tête quand mon oncle adoré me raconte des légendes ! Bon. Je me tais. Une Julie bouche cousue !

— Donc, Jean s'apprête à rentrer chez lui, reprend Stéphane. Mais sur le chemin du retour, il se passe des choses étranges… D'abord, Jean entend sonner la cloche de l'église. Pourtant, il est près de minuit. La cloche ne sonne jamais à cette heure-là… En regardant vers l'église, Jean se rend compte qu'elle luit, comme si elle était en feu ! Affolé, il s'élance vers le bâtiment. Quand il arrive devant, il constate que rien n'y brûle. Bizarre… En plus, la porte avant est grande ouverte. Jean a un peu peur mais, poussé par la curiosité, il décide d'entrer.

En bon conteur, mon oncle adoré fait une pause et me jette un coup d'œil pour voir s'il a bien capté mon attention. On n'entend que le crépitement du feu dans le foyer. J'ai trop hâte de savoir la suite.

— Continue, Steph ! Alors, qu'est-ce qu'il y avait dans l'église ? Qu'est-ce qu'il a vu ?

Mon oncle reprend d'un ton encore plus intrigant :

— Jean s'avance dans l'allée. Il voit, sur l'autel, six cierges allumés… avant que tu me le demandes, Julie, des cierges, ce sont de grosses chandelles. L'église est vide. Jean n'aime pas ça. Il veut revenir sur ses pas et sortir de la bâtisse… mais la porte s'est refermée derrière lui, sans qu'il voie ou entende personne.

Je frissonne. Je ne suis pas peureuse, non, mais je suis un peu impressionnée, je l'avoue.

— Jean était affolé, continue Stéphane. Mais il n'avait encore rien vu, le pauvre… À minuit, l'horloge de la sacristie se met à sonner douze coups. Et alors il… il…

Stéphane se tait. On dirait qu'il hésite. Je veux tellement savoir ce qui arrive que j'en ai presque mal au ventre ! Mes épaules sont crispées, mes mains s'agrippent à la toile de ma chaise. Je chuchote :

— Alors quoi, Steph ? Que se passe-t-il quand l'horloge sonne minuit ?

— J'ai peur de t'effrayer, Julie. Je te raconterai la suite demain.

Je proteste :

— Pas question ! Tu n'as pas le droit d'arrêter là ! Continue.

Après un court instant, mon oncle se résigne. Je vois bien qu'il a autant envie de poursuivre son histoire que moi de l'entendre !

— Sur le coup de minuit, donc, Jean voit un prêtre se présenter à l'avant de l'église. Un prêtre pas comme les autres, habillé d'un long vêtement violet qu'on appelle une chasuble. Jean comprend tout de suite qu'il s'agit d'un fantôme, parce que le prêtre n'a pas de tête…

Je sursaute.

— Tu veux dire… on ne voit pas sa tête ?

— Non, Julie. Il n'a *pas* de tête. Plus rien au-dessus des épaules ! À l'endroit où devrait se trouver sa tête, on voit une sorte de nuage, comme un voile de fumée. Tu imagines la frousse de Jean, coincé dans l'église, seul avec ce corps sans tête qui marche à l'avant ! Seul avec un revenant…

Je murmure nerveusement :

— Je me serais mise à hurler, c'est sûr !…

Stéphane m'adresse un léger sourire et poursuit :

— Le prêtre s'installe devant l'autel. Il ouvre son missel… un missel, Julie, c'est un livre de prières. Ensuite, il commence à dire la messe, mais personne ne lui répond…

— Qu'est-ce que tu veux dire, « personne ne lui répond », Steph ? Il posait des questions à qui ?

Cette fois, mon oncle éclate carrément de rire.

— Tu ne vas pas à la messe souvent, j'oubliais ! Pendant une cérémonie religieuse, les gens qui assistent à la messe doivent répondre à des moments bien précis à ce que le prêtre dit.

— Ils doivent répondre « Amen » ?

— Oui, par exemple. Ou encore « Pour les siècles des siècles », des choses comme ça. Donc, le prêtre sans tête commence à dire la messe, mais personne ne lui répond. Il attend quelques secondes à peine, puis il s'éloigne.

Stéphane arrête de parler.

— Quoi ? C'est tout ? La légende finit comme ça ?

— Non, Julie. Après coup, Jean regrette de ne pas avoir répondu. Il sent qu'il aurait pu aider ce prêtre. Il quitte l'église, retourne chez lui et, le lendemain, il va tout raconter au curé du village – le vrai, qui a une tête sur les épaules, lui ! Le curé lui conseille d'y retourner le soir même pour aider le revenant.

— Retourner voir le prêtre sans tête ? Jean ne voulait sûrement pas !

— Il avait peur, c'est vrai, mais il devait le faire, par charité chrétienne, tu comprends ? Pour aider le prêtre. Le soir venu, Jean va donc de nouveau dans l'église. Tout est noir. Il entre et attend en silence. Des frissons lui parcourent le dos. Minuit sonne enfin, puis les six cierges s'allument tout seuls. Quand le dernier coup de minuit a retenti, le prêtre sans tête arrive dans le chœur, s'avance vers l'autel et il commence à dire la messe d'une voix hésitante. Jean aurait envie de se sauver en courant, mais il prend son courage à deux mains et il répond. En entendant quelqu'un lui répondre, le prêtre sursaute. Il continue sa messe d'une petite voix, puis il semble prendre de plus en plus confiance. Son ton se raffermit, se fait plus fort. Quand il a terminé la cérémonie, le prêtre sans tête dit à Jean: « Merci pour ton courage, jeune homme. Tu m'as sauvé. Pendant ma vie sur terre, j'ai dit la messe distraitement. J'ai été puni. Je suis mort il y a plus de cinquante ans, mais mon âme est restée prisonnière ici-bas. J'étais condamné à dire cette messe chaque nuit jusqu'à ce que quelqu'un accepte de prier avec moi et de me répondre. Je ne pouvais pas monter au ciel avant. Aujourd'hui, grâce à toi, je m'en vais au paradis. » Et le prêtre disparut à jamais, sauvé par le courage de Jean.

Stéphane se tait. Cette fois, ça y est, la légende est finie. Je garde aussi le silence, la tête pleine d'images qui se bousculent. Une église plongée dans le noir, des cierges qui s'allument tout seuls, un prêtre sans tête qui dit une messe chaque nuit… Malgré tout, mes paupières s'alourdissent.

— Allez, ma belle ! dit gentiment Steph. Il est temps de dormir.

D'habitude, je proteste, j'essaie de gagner du temps. Cette fois, je n'insiste pas trop. J'ai en effet un peu sommeil… même si je suis certaine que cette histoire reviendra hanter mes rêves cette nuit. Une Julie au lit !

3
Une Julie nerveuse

Je passe une semaine merveilleuse avec mon oncle adoré et le temps file à toute vitesse. À preuve, nous sommes déjà jeudi ! Chaque jour, Stéphane et moi, nous nous baignons, nous faisons du vélo, des pique-niques, de la randonnée pédestre, etc. De vraies vacances de rêve !

Nous n'avons pas reparlé de la légende de la Messe de minuit, mais je n'arrête pas d'y penser depuis trois jours. J'essaie d'imaginer comment se sentait Jean, pris dans une église avec un revenant. J'ai du mal à voir la scène ; je ne suis pas allée à l'église souvent. À peu près jamais, en fait. Une idée me vient pour remédier à la situation.

— On n'a rien de prévu ce matin, Steph ?

— Non, Julie. La journée est toute à nous !

Je propose :

— Et si on marchait jusqu'à l'église ?

Stéphane semble surpris, mais il accepte. Avec une petite précision, cependant :

— Julie, j'espère que tu n'es pas en train de t'inventer des histoires à cause de la légende de la Messe de minuit ? Ta mère va encore m'en vouloir !

— Voyons, Steph, pas du tout ! J'ai juste envie de visiter l'église. Je n'invente rien, tu me connais !

— Oui, justement…, grogne Stéphane.

Nous arrivons bientôt devant la majestueuse bâtisse. Vêtu d'une chemise à carreaux, fumant la pipe, Joseph Vézina se berce sur le balcon d'une vieille maison, à côté de l'église. Un vrai personnage de conte, celui-là ! Stéphane dit que c'est le plus grand conteur du coin et que c'est lui qui lui a appris presque toutes les légendes qu'il connaît.

— Est-ce que ça te dérange si je vais saluer Joe ? me demande mon oncle. Je te rejoins dans l'église tout de suite après.

Stéphane me quitte. Je m'approche de la lourde porte de l'église. J'ouvre. J'entre. Toute seule.

La première chose qui me vient à l'idée en faisant quelques pas dans la grande allée est qu'on ne peut pas avoir peur dans une église. De belles statues colorées sont disposées un peu partout, tandis que de larges vitraux lumineux percent les murs. C'est magnifique. J'avance. J'essaie de ne pas être trop bruyante, mais rien à faire, mes pas claquent sur le plancher. Une fois à l'avant, je jette un œil attentif aux petits lampions allumés. Distraite par leur flamme, je sursaute en entendant derrière moi :

— Quelle belle visite ! On ne te voit pas souvent par ici, Julie !

Je me retourne. Le père Louis me fixe d'un regard insistant, sourire aux lèvres. Je ne comprends pas… Comment a-t-il pu venir si près de moi sans que je l'entende ? Il a dû se déplacer… comme un fantôme ! Non, du calme, Julie. Ne laisse pas ton imagination s'emballer. Je m'efforce de répondre posément :

— J'avais envie de visiter l'église.

— Juste comme ça, tout à coup ?

Son regard continue de vriller le mien. Il me met mal à l'aise, cet homme. On dirait que je n'arrive pas à lui mentir. J'avoue :

— Mon oncle m'a raconté une légende et j'étais curieuse de voir l'intérieur de l'église.

Le père Louis demande :

— La légende de la Messe du revenant ?

— Non, celle de la Messe de minuit.

— Ah oui, fait le curé, elles se ressemblent beaucoup…

Il a beau être gentil, je le trouve vraiment bizarre, ce curé. Il y a quelque chose qui m'inquiète dans ses yeux, dans sa façon de parler très lentement, de se déplacer en silence… Si j'étais raisonnable, je le saluerais poliment et j'irais vite rejoindre mon oncle Steph chez Joe Vézina. Mais voilà, je ne suis *pas* raisonnable. Quand je suis née, il semblerait qu'on a oublié de me donner cette qualité… Poussée par la curiosité, je déclare au père Louis :

— Je ne connais pas la légende de la Messe du revenant. Qu'est-ce que c'est ?

— Veux-tu t'asseoir ? propose le curé en désignant un banc. Je vais te la raconter.

Je devrais refuser son invitation, m'enfuir à toutes jambes… mais, bien entendu, j'accepte. Je m'assois à ses côtés. Quelques papillons s'agitent dans mon estomac. Une Julie pas rassurée du tout.

— La Messe du revenant est une légende bretonne. Savais-tu que beaucoup de nos légendes québécoises ressemblent à celles de la Bretagne ?

Je me contente de faire non de la tête pendant que le père Louis commence son histoire.

— Il y a bien longtemps, un soir, très tard, un cocher passe devant une chapelle abandonnée. Plus personne ne va là depuis des années. Pourtant, la porte est ouverte. Intrigué, le cocher entre. La salle est illuminée de cierges. Quand l'horloge se met à sonner minuit, une silhouette de prêtre toute vêtue de noir apparaît et s'avance vers l'autel.

La gorge serrée, je demande :

— Est-ce que le prêtre avait une tête ?

— Ça varie. Dans certaines versions de la légende, le prêtre a une tête normale. Cependant, dans plusieurs autres, il a… une tête de mort.

Le père Louis dit ces mots d'une voix grave et inquiétante. Il me semble qu'ils résonnent dans l'église. La bâtisse me paraît soudain beaucoup moins accueillante que tout à l'heure… Ses yeux toujours fixés sur les miens, le curé poursuit :

— Le prêtre en noir demande trois fois : « Y a-t-il quelqu'un ici pour répondre à ma messe ? » Personne ne répond, évidemment. Le cocher est mort de peur et ne prononce pas un mot, tu t'en doutes. Le prêtre s'en va donc d'un air accablé.

Je dis :

— Je suppose que quelqu'un doit répondre pour sauver son âme, comme dans la Messe de minuit ?

— Exactement, approuve le père Louis. Et comme dans la Messe de minuit, le cocher va tout raconter à son curé, qui lui conseille de retourner à la chapelle pour aider le revenant. Le cocher, terriblement effrayé, y retourne le lendemain. Il apprend que le prêtre récitait la messe chaque soir depuis plus de six cents ans ! Tout ça parce que, de son vivant, il avait négligé de dire la messe pour laquelle un paroissien l'avait payé d'avance. Grâce au cocher, il a accédé au paradis.

Je murmure :

— Le prêtre aurait dû dire la messe pour laquelle on l'avait payé…

— Il ne faut pas juger trop vite, Julie, déclare le père Louis. Peut-être qu'il avait simplement oublié, qu'il n'a pas fait exprès…

On dirait qu'il prend la défense du prêtre en noir ! Bizarre… Il garde les yeux posés sur moi. Mal à l'aise, je me mets à fixer le plancher avec attention, comme si je n'avais jamais rien vu d'aussi beau. Soudain, des pas résonnent derrière nous. J'ai presque peur de me retourner. Et si c'était le prêtre avec la tête de mort ? Ou celui en violet, sans tête du tout ? Je soupire de soulagement en entendant Stéphane s'exclamer :

— Eh bien, je ne vous savais pas amateur de légendes, père Louis !

Je suis si contente de voir mon oncle que j'ai presque envie de lui sauter au cou !

— Il existe une troisième version, ajoute Stéphane. Vous la connaissez ?

— Non, mais j'aimerais bien l'entendre, répond le curé.

— Une nuit, un homme doit s'arrêter en pleine forêt, à cause d'une tempête terrible qui l'empêche de poursuivre sa route. Il voit une étrange lumière et décide de se diriger vers elle. Celle-ci le mène devant une petite chapelle. Il entre. Six cierges brillent, mais il n'y a personne. Soudain, un prêtre s'avance et demande trois fois si quelqu'un veut répondre à sa messe. L'homme accepte, il assiste le prêtre pendant toute la messe. Il apprend finalement que ce curé était condamné parce qu'un jour, il avait manqué de charité en refusant d'accueillir dans son église un homme pris dans une tempête… Grâce à la messe qu'il vient de dire, son âme est sauvée. Le lendemain, quand l'homme qui s'est réfugié dans la chapelle s'éveille, il n'y a plus aucune trace du prêtre mystérieux ni des cierges.

Un silence lourd revient s'installer dans l'église. Du coin de l'œil, j'observe le père Louis. C'est lui qui rompt le silence.

— Quel monde fascinant que celui des légendes ! dit-il à Stéphane.

Puis, il se retourne vers moi, amusé, et me lance :

— Ce sont de bien beaux personnages, ces curés d'un autre temps, pas vrai, Julie ?

Honnêtement, je me demande ce qu'on peut trouver de beau à un curé sans tête ou à un homme avec une tête de mort… Plus ça va, plus je le trouve étrange, ce père Louis. Mais je n'ose pas protester ; je me contente de faire un tout petit oui de la tête, je le salue d'une voix minuscule et je sors au plus vite en entraînant mon oncle. Une Julie morte d'inquiétude.

4

Une Julie courageuse

Le ciel est couvert en ce samedi matin. Mon oncle doit travailler un peu pour préparer une conférence qu'il donne lundi. J'ai appelé des amies pour jouer avec elles : la première était chez ses grands-parents, la deuxième s'apprêtait à partir en camping et aucune réponse chez la troisième… Vive les vacances ! J'ai donc pris mon vélo pour me rendre à la bibliothèque municipale, où Rosie, la gentille bibliothécaire qui est aussi l'amoureuse de Stéphane, m'a conseillé quatre recueils de contes et légendes que je n'ai jamais lus. Une Julie ravie ! Je mets les livres dans mon sac à dos et m'apprête à rentrer chez moi.

— Le ciel est vraiment gris, lance Rosie en regardant par la fenêtre. Sois prudente.

Je la rassure et cours enfourcher mon vélo. Elle a raison : de lourds nuages recouvrent le village et un vent froid me fouette les joues. Je dois me dépêcher de rentrer !

Je roule depuis quelques minutes à peine quand l'orage éclate. Je n'ai jamais vu des gouttes de pluie aussi énormes. Le tonnerre cogne à gros coups dans le ciel. Il fait noir comme en plein soir. Seuls quelques éclairs zèbrent les nuages ici et là. J'essaie de continuer ma route, mais c'est difficile. J'ai du mal à voir devant et le tonnerre me fait sursauter à tout moment. Sans compter que les roues de mon vélo dérapent et me font perdre l'équilibre. C'est trop dangereux… Je n'ai pas le choix, il faut que je m'arrête.

J'immobilise ma bicyclette et je scrute les alentours autour de moi. Je suis juste devant l'église. Étrangement, la porte avant est grande ouverte. Je frissonne en pensant aux légendes de la Messe de minuit et de la Messe du revenant… Mais la pluie tombe de plus en plus fort et je suis complètement trempée… Ce n'est pas le temps de me laisser impressionner par des histoires. Je dois entrer.

J'abandonne mon vélo sous la pluie et me réfugie dans l'église en courant. Un long frisson me parcourt le dos. L'endroit est vide et très sombre. Seuls six cierges l'éclairent faiblement. Six. Comme dans la légende. Je regarde ma montre. Il est midi moins quelques secondes. Pas minuit, mais quand même, les deux aiguilles seront sur le douze très bientôt... Et pourquoi cette porte était-elle ouverte si personne n'est à l'intérieur ? Je demande d'une voix craintive :

— Il y a quelqu'un ?

Seul un énorme coup de tonnerre répond à ma question.

J'ai beau tenter de rester calme, mon esprit s'affole et mon cœur semble parti au grand galop. Je n'ai qu'une envie : sortir d'ici au plus vite, retourner chez moi, même sous la pluie. Mais une idée m'effleure soudain : la scène ressemble beaucoup trop à la troisième version de la légende pour que ce soit un hasard... Celle dans laquelle une tempête obligeait un homme à se réfugier dans une chapelle. C'est un orage qui m'y oblige. Il était minuit, il est midi. Les six cierges brûlent. Il ne manque plus qu'un curé... Et si jamais un revenant avait besoin d'être sauvé, ici, dans mon village ? Allons, Julie, il faut prendre ton courage à deux mains et rester. J'avance de quelques pas dans la grande allée. Sans le soleil, les statues paraissent plus menaçantes, tapies dans l'obscurité, prêtes à bondir.

Je tente de me persuader que je dois être brave, mais j'ai quand même envie de hurler quand je vois la silhouette sombre qui s'avance tout à coup vers l'autel. Je me retiens, mais je pousse tout de même un petit cri de surprise. C'est le père Louis, son missel à la main. Heureusement, il a toujours sa tête ! Mais ça ne veut rien dire : dans la légende bretonne, le prêtre l'avait parfois aussi. En entendant mon cri, le père Louis se tourne vers moi.

— Ah, Julie ! Bonjour ! Je peux t'aider ?

Je bredouille :

— N… no… non, merci. J'étais juste venue me protéger de l'orage.

— Reste autant que tu veux, répond gentiment le curé. Moi, j'ai une messe très importante à dire demain et je venais la préparer.

Il garde le silence quelques secondes, puis me demande d'un ton solennel :

— Tu voudrais bien m'aider à répéter cette messe en répondant ?

Première question du prêtre en noir. Dans la légende avec la tempête, le prêtre pose trois fois cette question. J'ai du mal à avaler tant je suis nerveuse. Ma bouche est sèche. Je prends une grande inspiration et déclare :

— Je… je voudrais bien, mais je ne peux pas. Je ne connais pas les réponses.

— Pas de problème, tout est là, déclare le père Louis en s'avançant vers moi et en me tendant un livret. Alors, tu veux bien rester pour répondre à ma messe ?

Deuxième question. Ne flanche pas, Julie ! Je fais un tout petit oui hésitant de la tête.

— Tu es certaine que ça ne te dérange pas de répondre ?

Troisième et dernière question. Je ne peux quand même pas refuser de sauver une âme parce que j'ai peur… Allons. Je fonce. Une Julie hardie. Je réponds d'une voix forte et claire :

— Je vous aiderai avec plaisir, père Louis.

Ce dernier me récompense d'un sourire radieux. Je suis courageuse, c'est vrai, mais j'ai tout de même mal au ventre. Le père Louis serait-il un véritable revenant ? Et je suis seule avec lui dans l'église, sous l'orage, sans personne autour… Selon la légende, il n'arrive rien de grave à ceux qui aident le curé condamné, c'est vrai. Mais c'est quand même mon premier tête-à-tête avec un revenant ! Il y a de quoi s'inquiéter !

Le prêtre interrompt mes pensées. Il semble nerveux. Il commence à réciter sa messe, d'une voix faible, d'abord, puis de plus en plus fort, comme s'il s'adressait à une foule. Je réponds en gardant religieusement les yeux sur mon livret de messe. Mais je suis trop préoccupée, je n'arrive pas à me concentrer sur ce que le curé dit. Les mots du sermon s'entremêlent dans mon esprit sans que j'y comprenne rien. Je ne peux m'empêcher de regarder sans arrêt les six cierges allumés, l'église sombre, le prêtre tout en noir et de me repasser les différentes versions de la légende dans ma tête. Enfin, la messe s'achève. Le curé semble à présent très calme. Heureux. Serein. Comme s'il était libéré d'un grand poids. Il reste silencieux un moment, puis il lève la tête vers moi, me fixe intensément et dit avec gratitude :

— Merci beaucoup, Julie ! C'est très gentil. Cette messe est importante pour moi.

Cette fois, j'en suis sûre : je viens de délivrer son âme. On ne remercie pas quelqu'un à ce point juste parce qu'il répond à une messe. Le père Louis aurait très bien pu la préparer tout seul. Sans moi.

Je soupire de soulagement. C'est terminé. J'ai combattu ma peur pour poser une bonne action. Je peux maintenant rentrer chez moi. D'ailleurs, je n'entends plus le tonnerre. Je salue le curé, puis m'empresse de regagner l'allée pour sortir de l'église. Je bondis : une des larges portes s'ouvre ! Une silhouette s'y encadre. Qui est-ce ?

Heureusement, je n'ai pas le temps de trop m'affoler… Je reconnais vite mon oncle Stéphane.

— Julie, tu vas bien ? demande-t-il d'un ton inquiet. Rosie a appelé pour savoir si tu étais rentrée. J'ai eu peur… J'ai vu ton vélo devant l'église. Tu es tombée ?

— Non. Je me suis juste arrêtée pour laisser passer l'orage, Steph.

— Qu'est-ce que tu faisais toute seule ici ?

— Je n'étais pas toute seule, j'aidais…

Mais quand je me retourne vers l'autel pour montrer le père Louis, je vois qu'il n'y a plus personne. Les six cierges sont éteints. Je murmure « J'aidais le père Louis », sans donner plus de détails. Stéphane ne me croirait pas. Les adultes ne comprennent pas ces choses-là.

5

Une Julie heureuse

Nous voici déjà à l'aéroport, Stéphane et moi. Mes parents reviennent ce soir. J'ai très hâte de les revoir, bien sûr… même si je vais m'ennuyer de mon oncle adoré !

— C'est eux ! lance Stéphane. L'avion vient de se poser ! Ils arrivent, Julie !

Nous attendons un bon moment encore avant que les premiers passagers sortent, leurs valises à la main. Je me mets sur le bout des pieds chaque fois que la porte s'entrouvre, pour tenter d'apercevoir mon père ou ma mère. En vain.

Enfin, les voilà ! Mes parents apparaissent en se tenant par la main. Ils sont tout bronzés et souriants. Dès qu'ils nous voient, ils se précipitent vers nous et me serrent bien fort dans leurs bras.

Une Julie qui ne porte plus à terre ! Ils se mettent à parler en même temps.

— On s'est tellement amusés, Lili !

— On est si reposés, ma belle !

— On a beaucoup pensé à toi.

— On a des tonnes de choses à te raconter !

— On a vu des paysages superbes !

— On a pris plein de photos !

— STOP ! ! ! ! s'exclame Stéphane en riant. Vous m'étourdissez ! Allez, je vous laisse un peu seuls tous les trois, je vais chercher un chariot pour vos bagages.

Il s'éloigne, et je me retrouve devant mes parents, que j'ai du mal à reconnaître. Maman dit quelque chose, papa ajoute un détail en riant, maman lui caresse le bras, papa l'embrasse sur la joue, maman ricane sans arrêt comme une adolescente avec son premier amour, papa lui chuchote qu'elle est irrésistible quand elle rit comme ça et il l'embrasse une fois de plus… Je suis ravie. Je m'écrie :

— AU SECOURS ! Vous n'êtes pas mes parents ! ! ! Qu'avez-vous fait d'eux ?

Ils rigolent encore plus et me répètent qu'ils m'aiment vingt-sept ou vingt-huit fois.

— Vous ne devinerez jamais qui je viens de voir ! déclare Stéphane, qui revient en poussant un chariot. Je suis tombé face à face avec Joe Vézina ! Il va passer quelques semaines en France, comme chaque année. Il m'a annoncé que le curé de notre paroisse a pris sa retraite et qu'il a quitté la région. Quelle surprise ! Je lui ai parlé il y a quelques jours à peine, et il n'en a pas été question…

Le grand départ… On ne reverra plus le père Louis, bien sûr. J'avais raison. Je l'ai libéré ! Comme pour confirmer mon idée, Stéphane ajoute :

— Il paraît que le curé a parlé de toi à Joe, Julie.

— Mais pourquoi parlerait-il de Lili ? demande papa, intrigué.

— Si j'ai bien compris, elle l'a aidé à préparer sa dernière messe. Hier, il annonçait à ses paroissiens qu'il les quittait. Ça l'angoissait un peu et Julie lui a permis d'être plus sûr de lui en lui faisant répéter sa messe. C'est du moins ce que m'a raconté Joe. Et toi, tu ne m'as rien dit, petite cachottière !

Mes parents me dévisagent d'un air étonné. Je souris et je murmure :

— J'ai sauvé son âme…

Maman fronce les sourcils.

— Il ne faudrait quand même pas exagérer, Julie !

Stéphane n'ajoute rien, pour ne pas qu'on lui reproche de me mettre de drôles d'idées en tête, mais il a compris ce que je voulais dire. Il lève les yeux au ciel, se moque gentiment de moi. Ça m'est égal. Car moi, Julie, je sais que j'ai fait ce qu'il fallait. J'ignore depuis quand notre curé était condamné à répéter sa messe mais, grâce à moi, c'est terminé.

Je regarde mes parents, tout détendus et souriants, puis je regarde mon oncle, avec qui j'ai passé une semaine mémorable, et je repense au père Louis, à qui j'ai permis de monter au paradis… Je ne peux rien demander de plus. Une Julie pleinement heureuse.

FIN

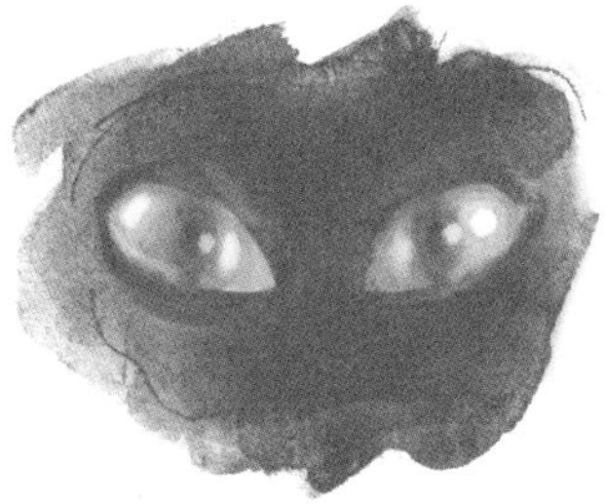

Julie et la bête dans la nuit

N'importe quelle histoire est plus impressionnante lorsqu'elle est racontée en pleine nuit. Faites un essai, vous verrez ! C'est pourquoi j'ai pensé situer cette huitième aventure de Julie pendant une nuit de camping organisée par le terrain de jeu. Voir des yeux briller dans le noir et entendre des cris étranges, c'est assez pour faire frissonner ! Surtout quand on vient tout juste de se faire raconter la légende de la Bête à grand'queue...

J'ai pu tester l'impact des légendes la nuit il y a quelques années. J'étais invitée dans un salon du livre. Des élèves avaient été conviés à passer toute une nuit blanche au salon, où ils rencontraient quelques auteurs au fil des heures. L'auteur qui passait juste avant moi avait une super présentation, très technologique, avec effets spéciaux, projections et tout. J'étais un peu affolée, moi qui n'avais apporté que mes livres ! Je me demandais bien ce que j'allais faire ! J'ai donc décidé de proposer exactement l'opposé : quand mon tour est venu, j'ai éteint toutes les lumières de la salle, j'ai mis trois lampes de poche que j'avais réussi à dénicher en plein centre du cercle formé par les jeunes et je leur ai dit d'imaginer que c'était un feu de camp. Alors, à voix basse, je me suis mise à raconter des légendes… Je sentais que tous, autour du « feu », retenaient leur souffle ! La magie de la nuit, qui rend tout plus impressionnant… Dans *Julie et la bête dans la nuit*, Julie l'apprend à ses dépens.

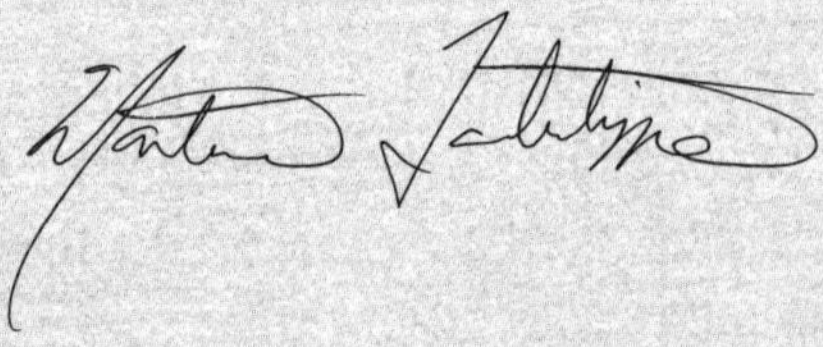

1

Un été peu tentant

J'ai tout essayé, je le jure.

Quand mes parents m'ont annoncé que je passerais encore une fois l'été au terrain de jeu, j'ai protesté. J'ai grommelé. J'ai même pleurniché, je l'avoue, et j'ai crié. Une Julie en état de panique ! Eh bien… rien. Aucune réaction de mes parents, qui se sont contentés de me répondre d'un ton très calme qu'ils n'avaient pas le choix de travailler. Ils ont ajouté que nous passerions la dernière semaine d'août ensemble. Je veux bien, mais d'ici là ?

J'ai alors affirmé que j'étais assez grande pour me garder seule, maintenant. Maman m'a dit que non. J'ai contre-attaqué en disant que je pourrais passer mes journées avec Stéphane, mon oncle adoré. Papa a dit que non. Que Stéphane travaillait aussi et que très souvent il n'était pas chez lui.

Toute l'année, à l'école, quand je pensais à mes vacances d'été, je rêvais de voyager, de vivre des aventures, de briser la routine, de me reposer, de faire des activités spéciales, excitantes, exaltantes ! Pas de jouer au soccer avec les gars et les filles que je vois chaque jour de septembre à juin…

J'ai donc tenté le tout pour le tout. J'ai déclaré :

— Puisque c'est comme ça, c'est décidé, je fais une grève de la faim.

Papa et maman n'ont pas daigné me répondre. Je pense même qu'ils ont souri. C'est ce jour-là, à 18 h 30 exactement, que j'ai entrepris ma première grève de la faim. Je ne mangerais plus jusqu'à ce que mes parents m'annoncent qu'ils ont changé d'idée.

Aussitôt ma décision prise, des images se sont mises à tournoyer dans mon esprit.

Un croissant chaud avec du beurre…

Du fromage. Des craquelins.

De la crème glacée aux pacanes, fudge et caramel…

Des graines de tournesol salées.

Une salade de fruits frais faite maison.

Des biscuits dodus et fondants sortant du four…

AU SECOURS ! Une Julie affamée !

N'y tenant plus, je me suis précipitée vers le réfrigérateur et j'ai abandonné mon projet. Il était exactement 18 h 37. Probablement la plus courte grève de la faim de l'histoire du monde. Tant pis. J'irais au terrain de jeu cet été.

Voilà pourquoi je suis assise dans le gymnase de mon école ce matin. Oui, l'école que je fréquente toute l'année. Voilà pourquoi je suis entourée des élèves que je côtoie habituellement. Oui, oui, ceux que je vois toute l'année. Et voilà pourquoi le professeur qui se trouve devant nous… Ah, non ! Là, je me trompe ! Devant nous, ce n'est pas un professeur qui se présente, c'est le moniteur de mon groupe, Alexandre.

— Tout le monde m'appelle Alex, précise-t-il.

Il semble très dynamique et vraiment sympathique. L'été ne sera peut-être pas si pire que ça.

La porte du gymnase s'ouvre et Dominic, le beau Dominic qui est dans ma classe et que je vois avec plaisir tous les jours de l'année, s'approche de nous en courant, en s'excusant d'être en retard. Il m'aperçoit et me lance un sourire éclatant avant d'aller s'asseoir à côté de son meilleur ami, Jacob. L'été sera peut-être pas mal du tout, finalement !

Alex annonce :

— Pour bien commencer l'été, j'ai prévu deux activités très spéciales cette semaine. Mercredi, j'ai invité un homme du coin à venir vous raconter des légendes…

Oh, oh ! Des légendes ?! Je me redresse, soudain à l'affût. J'adore les légendes ! Je n'en ai jamais assez ! Mon oncle Steph, qui est ethnologue, m'en raconte sans arrêt : le Bonhomme Sept Heures, la Messe du revenant, la Corriveau, les feux follets… Je soupire. J'en connais vraiment beaucoup. Ça m'étonnerait que le visiteur m'en apprenne une nouvelle… Alex continue :

— Certains d'entre vous connaissent peut-être notre invité : monsieur Joseph Vézina.

J'ai envie de crier de joie ! Joe Vézina ! Mon oncle m'a déjà dit que c'était son modèle, son inspiration. Joe Vézina est le meilleur conteur de tous les environs, selon Stéphane. J'ai déjà hâte à mercredi… Je me demande bien quelle légende il va nous présenter.

— L'autre surprise, poursuit Alex, c'est que vendredi, nous irons tous camper, dans le boisé près d'ici. On fera un souper extérieur, on montera les tentes nous-mêmes, on fera un feu et on dormira là… Ça vous intéresse ?

Autour de moi, plusieurs lancent aussitôt un « Oui ! » enthousiaste. Dominic et Jacob, tout heureux, se tapent dans la main. Une fille s'inquiète des toilettes. Alex répond que l'emplacement de camping est à quelques mètres à peine du terrain de base-ball et du centre communautaire, et qu'on aura accès au centre. Dominic se tourne vers moi, l'air ravi :

— On va aller camper ensemble. Génial, Julie ! Il est vraiment bien, Alex, hein ?

Bien ? Il est adorable, oui ! Rien de moins !

Des légendes, du camping, le beau Dominic… j'aurai peut-être un été plus animé que je le croyais, après tout. Mes parents ont eu une merveilleuse idée de m'inscrire au terrain de jeu ! Une Julie emballée !

2

Une bête inquiétante

J'engloutis mon dîner en trois minutes et demie. Je suis ravie d'avoir abandonné ma grève de la faim. Ma mère m'a préparé mon sandwich préféré : pepperoni et fromage suisse. Pourtant, elle déteste quand je mange des charcuteries… Pour que mes parents m'achètent du pepperoni pour mes lunchs, pas de doute, ils se sentent coupables ! Ma grève aura été courte mais efficace !

Toutes les équipes du terrain de jeu mangent dans le gymnase, aujourd'hui. Le temps est maussade : lourds nuages gris et vent frisquet. Tout le monde a fini depuis un bon moment et ça commence à s'agiter dans la grande salle quand Alex nous fait signe de le suivre, à moi et aux onze autres jeunes de son groupe. Intrigués, nous lui emboîtons le pas et descendons l'escalier jusqu'au sous-sol, vers une pièce que je n'avais encore jamais vue.

— C'est ici que le concierge range ses balais, ricane Jacob derrière moi pendant qu'Alex ouvre la porte.

Hum. Peut-être. N'empêche qu'aujourd'hui, l'endroit n'a pas l'air d'un espace de rangement : il est tout sombre, sans aucune lumière allumée, sans fenêtre non plus d'après ce que je peux voir dans l'obscurité. Au centre, plusieurs bougies brillent, posées directement sur le sol. Dans un coin, un évier, quelques seaux et une vieille chaise berçante recouverte d'un tas de couvertures. Nous nous assoyons en rond, autour des bougies. Instinctivement, tout le monde se met à chuchoter. Des frissons me parcourent le dos. C'est génial !

— Je vous avais promis une légende, déclare Alex d'un ton solennel. Eh bien, vous ne serez pas déçus !

Un profond silence s'installe. Tout à coup, une voix grave nous fait tous bondir :

— La légende que j'vais vous raconter là me vient de Joe Violon.

Quelques-uns poussent un petit cri effrayé : la voix provient de la berceuse derrière moi ! Je me retourne : à la lueur des bougies, j'y découvre avec surprise le vieux Joseph Vézina, emmitouflé dans un long manteau noir posé par-dessus son éternelle chemise à carreaux, une pipe éteinte entre les dents.

Tout le monde se déplace pour bien voir Joe Vézina. Une fois le silence rétabli, le conteur reprend, visiblement fier de son effet :

— Dans le monde des légendes, faut toujours être prêt à avoir un peu peur… Est-ce qu'il y en a parmi vous qui connaissent Joe Violon ?

Je réponds tout bas :

— C'était un conteur. Il racontait souvent des légendes qui se passaient dans les chantiers, je pense…

Joe Vézina semble étonné. Il se penche vers moi, mordille sa pipe, sourcils froncés, et me dévisage un moment. Un sourire plisse son visage ridé.

— Tu serais pas la petite nièce à Stéphane, toi ? Julie, c'est ça ?

Je fais oui de la tête.

— Eh ben, on a de la relève ! Bravo, ma fille ! Une experte en légendes, à ton âge ! Ton oncle m'a beaucoup parlé de toi…

Je rougis. Heureusement qu'il fait noir et que personne ne peut le remarquer ! Enfin, Joe reprend le fil de son récit :

— Joe Violon était un conteur que Louis Fréchette avait souvent entendu... Louis Fréchette, lui, c'est un poète bien connu, qui a publié aussi des recueils de contes et légendes. Souvent, il faisait raconter ses histoires par Joe Violon, un personnage haut en couleur et un conteur extraordinaire.

Une fille de mon groupe, Audrey, intervient timidement :

— Euh... je trouve que Joe Violon, ça ressemble pas mal à votre nom !

Joe éclate de rire :

— C'est vrai que je l'ai souvent entendue, celle-là ! Joe Vézina, Joe Violon... j'étais destiné à raconter les légendes d'ici, il faut croire. Puis à vivre toutes sortes d'aventures, ajoute-t-il plus gravement. Mais on parlera pas de ça aujourd'hui. Ce que je veux vous raconter, vrai comme je suis là, c'est la légende de la Bête à grand'queue.

J'ai envie de crier de joie ! Je ne la connais pas ! Je n'ai même jamais entendu parler de cette bête ! Une nouvelle légende ! J'aurais envie d'embrasser mon moniteur, qui a eu l'idée d'inviter Joe Vézina. Une Julie ravie !

— La Bête à grand'queue, on l'appelle aussi la Hère. C'est une bête bien particulière : elle a pas de mère, pas de père, pas d'enfant. Elle est fin seule de son espèce. On dit qu'elle est laide, laide à faire peur. La Hère, elle a des yeux qui brillent dans le noir, la nuit, et une très grande queue, ce qui lui a valu son surnom.

— Vous l'avez déjà vue, vous ? demande Jacob d'un ton moqueur.

Mais le petit sourire ironique de Jacob disparaît vite quand Joe répond en le fixant droit dans les yeux :

— Jamais, mon gars. Puis je souhaiterais pas ça à mon pire ennemi. On dit que la Hère apparaît environ une fois tous les cinquante ans. Elle a déjà enlevé une femme dans le coin de Saint-Antoine-de-Tilly. Son mari a tout vu, mais il a jamais pu en parler. Il a perdu la raison, comme qui dirait. Dès qu'on abordait le sujet de la Bête à grand'queue, il se mettait à trembler sans pouvoir arrêter.

Joe fait une pause. Dominic en profite pour chuchoter :

— Joe Violon l'a vue, la Bête, lui ?

— Même pas, mon garçon. Mais pas loin… Une année, Joe avait été engagé pour construire une cage de pin rouge sur la rivière aux Rats, avec quelques autres ouvriers. Un membre du groupe s'appelait Johnny La Picotte.

De petits rires nerveux fusent dans la minuscule pièce sombre. Joe reste bien concentré et poursuit son récit :

— Joe Violon trouvait Johnny bien sympathique et il allait souvent jaser avec lui, le soir, au bord de la rivière, en fumant la pipe. Joe avait entendu toutes sortes de rumeurs sur Johnny La Picotte. On racontait même qu'il avait des histoires avec le diable…

— Quel genre d'histoires ? demande Alex, qui semble aussi très intéressé.

— Eh bien, vous savez ce que ça fait, l'écho ?

— Ça répète ce qu'on dit, répond Emmy.

— D'habitude oui, fait Joe Vézina. Mais pas avec Johnny La Picotte… Il paraît que le soir, il allait sur la grève et il criait. Au lieu de répéter ce que disait Johnny, l'écho *répondait* à ses questions ! L'écho criait même des bêtises… Des gros mots.

Je demande d'une petite voix :

— C'était le diable qui répondait ?

— On le sait pas, Julie, répond Joe, mais c'était sûrement pas l'écho et sûrement pas humain non plus. Joe Violon était pas un homme qui se laissait impressionner facilement. Il a pas pris les commérages trop au sérieux, jusqu'à un certain jour… Ce jour-là, il s'est retrouvé à parler des histoires d'écho avec Johnny La Picotte… Pile au même moment, un hurlement effrayant s'est élevé dans la forêt. Un hurlement qui couvrait tous les autres bruits et qui a semblé parcourir les deux hommes avant de s'en aller. Joe tremblait et était blême, on le comprend. Il a demandé à Johnny ce que c'était. « La Hère », a répondu Johnny, bien sérieusement et le plus calmement du monde.

— C'était la Bête à grand'queue, murmure Audrey, à côté de moi.

— Joe Violon pensait que oui, ma fille. C'est sûr qu'il y en a toujours pour dire que non, que La Picotte était un ventriloque ou pour trouver n'importe quelle autre explication. Mais pourriez-vous me dire, vous autres, si la Hère existe pas, comment on saurait qu'elle a une grande queue ? Pourriez-vous me dire comment on sait qu'elle rôde surtout dans la forêt et qu'elle apparaît les soirs d'orage en particulier ?

Personne ne répond. Joe conclut :

— Si cette bête existe pas, je voudrais bien qu'on m'explique pourquoi, dans la forêt, des campeurs disparaissent sans laisser aucune trace. On n'en entend plus jamais parler. Ceux qui campaient avec eux se mettent à trembler dès qu'on leur parle d'une bête mystérieuse qui rôderait dans la forêt... Ben moi, Joe Vézina, je dis que c'est pas pour rien. Ils l'ont vue ou entendue, la Bête à grand'queue, eux autres, et ils ont rien qu'une peur: c'est qu'elle revienne les chercher aussi. Je peux vous garantir que ces gens-là, ils retournent plus jamais faire de camping de leur vie.

La gorge serrée, je ne peux pas m'empêcher de penser à l'activité prévue pour vendredi. Le camping dans le boisé. Et si jamais la Hère... ? J'essaye de me calmer, de me rappeler que ce n'est qu'une légende. Je n'ai pas peur. Non, pas du tout. Mais j'ai quand même un petit pincement au creux du ventre. Une Julie un peu stressée, je dois l'avouer.

3

Questions sur la Hère

La journée au terrain de jeu est terminée. Le ciel s'est dégagé pendant l'après-midi et de légers rayons de soleil viennent même me chatouiller les joues pendant que je rentre chez moi à pied. J'ai adoré la légende de Joe Vézina ! Quel excellent conteur ! Mais bon, j'aime quand même mieux quand mon oncle Stéphane me raconte une histoire… parce que quand je suis seule avec lui, je peux lui poser les mille questions qui me viennent à l'esprit. Tandis que cet après-midi, ces mille questions restent coincées dans ma tête ! Il faudra que j'appelle Steph pour savoir s'il connaît la Hère. À moins que…

Une idée me vient : quand je rentre à la maison, je dois passer devant l'église et devant la maison de Joe. Je me demande s'il serait fâché que j'arrête lui poser quelques questions… J'en meurs d'envie. Je tourne le coin de la rue : l'église apparaît devant moi, majestueuse avec ses larges portes et ses nombreux vitraux. Et… je pousse une exclamation joyeuse ! Juste à côté, il y a la maison de Joe, avec son balcon… et sur ce balcon, Joe Vézina se berce en mordillant sa pipe éteinte et en me regardant, un sourire malicieux sur les lèvres. C'est trop tentant : je m'arrête !

— Bonjour, Joe ! J'aurais quelques questions…

À ma grande surprise, le conteur éclate d'un énorme rire !

— Ton oncle te connaît trop bien ! Quand je lui ai raconté que j'avais rencontré ton groupe au terrain de jeu ce midi, Stéphane m'a dit qu'il était prêt à parier n'importe quoi que tu viendrais me poser des questions ! Il dit que chaque fois qu'il te raconte une légende, tu en redemandes.

Mal à l'aise, je grommelle et je rougis un peu.

— Bon… eh bien… pfff… Dans ce cas-là…

— Sois pas gênée, ma fille, au contraire ! Stéphane et moi, on est ravis que tu t'intéresses aux légendes autant que nous.

Rassurée, je m'installe sur la chaise de bois que Joe me désigne.

— Qu'est-ce que tu veux savoir, Julie ?

— Steph m'a appris que, souvent, il existe plusieurs versions d'une même légende. Je me demandais si c'est le cas pour la Bête à grand'queue. Est-ce que l'histoire de Louis Fréchette est la seule qu'on connaît ?

— Pas du tout, répond Joe aussitôt. La plus connue est peut-être même celle d'Honoré Beaugrand, un auteur québécois qui a aussi été journaliste et politicien. Il a même été le maire de Montréal pendant quelques années au dix-neuvième siècle !

Honoré Beaugrand. Je retiens le nom et me promets d'aller faire des recherches à la bibliothèque sur les contes de cet homme.

— Dans la version de Beaugrand, c'est un certain Fanfan Lazette qui rencontre la terrible bête.

Étonnée, je demande :

— Il a *vu* la Hère ?

— Presque, murmure Joe en s'enfonçant confortablement dans sa chaise, les yeux fixés dans les miens. Pas tout à fait, parce que c'était la nuit, mais presque. On raconte que Fanfan était un gars bien travaillant, mais qui aimait fêter et faire à sa tête. Il ne s'occupait pas trop de la religion, ce qui était bien mal vu à l'époque, et il disait jamais non pour boire un petit coup.

Pressée d'en arriver à la mystérieuse Hère, je demande :

— C'est pour ça qu'il a vu la Bête à grand'queue ? Parce qu'il n'allait pas à la messe ?

— C'est ce que tout le monde a pensé à l'époque, en tout cas. Toujours est-il qu'un soir, notre Fanfan s'en va porter des poches d'avoine à Berthier, en compagnie du grand Sem Champagne. Pendant que Sem va voir sa blonde quelques heures, Fanfan fait la tournée de ses connaissances et boit un verre, puis un autre, et encore un autre… Finalement, il va chercher Sem, qui a bu tout autant et qui s'endort aussitôt qu'il s'assoit dans la charrette. Fanfan prend la route du retour, mais un orage éclate…

Je murmure :

— Et la bête mystérieuse apparaît les soirs d'orage…

— Tu as tout compris, Julie. Il pleut à boire debout, il vente, les éclairs déchirent le ciel… Tout à coup, voilà le grand Sem qui se réveille et qui se met à crier : « Regarde, Fanfan ! C'est la Bête à grand'queue ! » Fanfan se retourne et qu'est-ce qu'il voit derrière la charrette ?

Les yeux grands ouverts, complètement prise par l'histoire de Joe Vézina, je ne réponds rien.

— Il voit deux gros yeux qui brillent dans le noir, déclare Joe d'un ton lugubre. Le temps d'un éclair, il aperçoit aussi une longue queue qui s'agite. Et il entend un hurlement terrible dans la nuit, tout près de lui. La jument de Fanfan panique et se met à galoper à toute vitesse. Une course folle s'engage. Il entend des pas derrière la charrette. La bête les suit. Dans un virage, la jument s'emballe, la charrette se renverse dans le fossé et notre homme sent que la Hère est juste là, tout près.

Le souffle court, je demande :

— Qu'est-ce qu'il a fait ?

— C'est connu, le seul moyen de se débarrasser de cette bête-là, c'est de lui couper la queue. Alors Fanfan a pris son courage à deux mains, il s'est engagé dans une lutte terrible avec la bête, pendant de longues minutes. Il s'est agrippé à la queue de la Hère, qui a tenté de s'enfuir. Mais notre Fanfan s'accroche, il ne lâche pas prise même s'il est ballotté de tous côtés, en pleine tempête, s'égratignant partout. Enfin, au bord de la rivière, il réussit à prendre son couteau dans sa poche et SCHLACK ! Il coupe la queue de la bête, qui s'en va s'écrouler dans le cours d'eau.

— Fanfan a tué la Bête à grand'queue ?

— C'est ce qu'il a juré à qui voulait bien l'entendre, ma fille. Il a même gardé la queue pour le prouver : une longue queue rouge d'environ cinq pieds.

Je réfléchis un moment.

— S'il a tué la Hère et qu'elle est seule de son espèce, alors il n'y a plus de danger ? Elle n'existe plus ?

Joe pousse un soupir.

— Ce serait trop simple, Julie. L'histoire ne s'arrête pas là…

— On a retrouvé le corps ?

— En fait, quelques jours après la terrible soirée où Fanfan s'est battu avec la bête, un employé d'un fermier des environs a découvert, sur le bord de la rivière, la carcasse d'un taureau de son patron qui avait disparu… et le taureau mort n'avait plus de queue. Le fermier a demandé à Fanfan Lazette de le rembourser.

— Oui, mais quand même, les taureaux n'ont pas la queue rouge ?

— Il paraît que, juste avant la fameuse nuit, le taureau s'était frotté contre une barrière rouge fraîchement repeinturée. Astheure, Julie, pour savoir si c'est la vérité ou si le fermier cherchait juste à se faire de l'argent avec son taureau mort, c'est une autre histoire… On le saura jamais.

— Donc, vous pensez que la Bête à grand'queue vit toujours ?

— Je suis sûr que la Hère rôde encore, quelque part dans les parages, avec ses yeux brillants puis sa longue queue rouge, répond Joe d'un ton convaincu.

Si convaincu que j'en ai un long frisson. On jurerait que Joe Vézina sait de quoi il parle. Qu'il est au courant de quelque chose. Une Julie la gorge serrée.

4
Comme un cauchemar

Je me réveille en sursaut au beau milieu de la nuit. Il me faut un bon moment pour me rappeler où je suis… Le sol est dur. Je ne suis pas couchée dans mon lit. Aucun des objets familiers de ma chambre n'est autour de moi. Je me redresse. Ça y est ! Ça me revient ! Je suis en camping avec mon groupe du terrain de jeu. Je prends ma lampe de poche, je regarde ma montre. Il est 3 h 37 du matin. Je me demande ce qui m'a réveillée. Un mauvais rêve ? Un bruit ? Un roulement de tonnerre gronde dans le ciel, au loin, comme pour répondre à ma question. Il y a de l'orage dans l'air. C'est sûrement ça qui m'a tirée du sommeil.

Je me recouche, m'enroule le plus confortablement possible dans mon sac de couchage. Je me tourne d'un côté. Puis de l'autre. Et on recommence : un côté, l'autre, un côté, l'autre. Je gigote, comme dirait ma mère. Je n'arrive plus du tout à dormir. Soudain, je me crispe : un drôle de bruit vient de retentir à l'extérieur de la tente. Comme un grondement de bête. Mais peut-être que j'ai rêvé. Mes parents me disent toujours que j'ai trop d'imagination, c'est sûrement ça.

J'essaie de me calmer. Penser à autre chose. Me concentrer. Je revois notre arrivée dans le boisé cet après-midi, Alex en tête, évidemment. Mon moniteur marche toujours si vite qu'on a du mal à le suivre ! Juste avant le souper, nous avons monté deux tentes : celle dans laquelle je suis, avec les cinq autres filles de mon groupe et une assistante-monitrice nommée Émilie, et une autre pour les gars, quelques mètres plus loin. Nous avons fait un feu, nous y avons fait cuire le souper. Du steak haché mélangé avec plein de légumes coupés, le tout emballé dans du papier aluminium et jeté sur la braise le temps que ça cuise. Délicieux.

Un nouveau bruit me sort de mes pensées. Je suis certaine que je n'ai rien imaginé, cette fois. Et c'était plus près que tout à l'heure. Je me recroqueville dans mon sac de couchage. J'ai un peu mal au ventre. Essayer de ne pas y penser. Me changer les idées.

Après le souper, donc, nous avons fait un grand jeu extérieur, puis nous nous sommes rassemblés autour du feu pour boire un chocolat chaud et nous raconter des histoires. Ça n'arrivait pas à la cheville des légendes de Steph ou de Joe Vézina, mais nous nous sommes bien amusés quand même.

— On arrête les histoires de peur, a tout à coup déclaré Alex. Je ne veux pas que vous ayez du mal à dormir cette nuit.

— Pffft ! On n'est pas des peureux ! a rétorqué Jacob.

— Ni des peureuses, a ajouté Audrey.

Je n'ai pas aimé le regard que Jacob a adressé à Dominic à ce moment-là. Comme s'ils préparaient un mauvais coup, tous les deux. La soirée s'est terminée là-dessus, chacun est allé se brosser les dents et se préparer pour la nuit, puis on s'est installés dans les tentes. Voilà pourquoi je me retrouve ici, dans mon sac, si tendue que j'en ai mal aux épaules.

Le grognement s'élève de nouveau dans la nuit. Je serre les poings. Audrey est couchée à côté de moi. Elle me tourne le dos. Je chuchote :

— Tu as entendu, Audrey ?

Pas de réponse. Seulement la respiration lourde des dormeuses autour de moi. Je dois aller vérifier ce qui se passe. Si je ne fais rien, je m'en voudrai toute ma vie si quelqu'un ou quelque chose menace réellement notre campement. Réfléchissons. Je dois être brave et courageuse. Le mieux à faire est d'aller voir dehors et, en cas de danger, de revenir prévenir Émilie, l'assistante-monitrice, ou de crier pour réveiller Alex et les gars. Voilà. C'est ce que je dois faire.

Les jambes un peu tremblotantes, je sors de mon sac de couchage. Je me glisse près de la porte. J'ouvre la fermeture éclair le plus discrètement possible. Je bondis en entendant :

— Non ! Je ne l'avais pas vu… Arrête !

C'est Emmy, couchée près de la porte, qui a marmonné. Elle est en train de rêver. J'attends quelques secondes qui me semblent interminables. Elle ne dit plus rien… mais le grognement de la bête résonne dehors, de même qu'un coup de tonnerre. Et si c'était la Hère ? La Bête à grand'queue venue hanter les campeurs par un soir d'orage ? Une Julie terrifiée ! Je prends de grandes inspirations. Ce n'est qu'une légende, une histoire. Rien de vrai là-dedans. Courage.

Je me faufile à l'extérieur. Je me dresse devant la tente. Je parcours des yeux la clairière dans laquelle nous avons monté les tentes. Personne en vue. Je ne vois rien non plus dans les arbres qui nous entourent. Il faut dire qu'il fait très noir. L'orage va éclater d'une seconde à l'autre, j'en suis certaine. Pas une seule étoile dans le ciel pour m'éclairer. J'ai peur. J'ai tellement peur… Je suis peut-être en train de faire une bêtise. Je devrais réveiller nos moniteurs, c'est sûr. C'est ce que je vais faire.

Au moment où je me penche pour retourner dans la tente, j'entends des piétinements venant des arbres. Comme un bruit de branches qui craquent. Je gémis. Je ferme les yeux très fort, puis je m'oblige à les rouvrir. Allons, Julie, du nerf! Je me retourne vers le boisé, le corps si crispé que j'ai mal partout. Et c'est alors que je vois… que je vois clairement… trop clairement… LES YEUX DE LA BÊTE! À quelques mètres de moi, derrière les arbres, deux points lumineux me fixent.

— AAAhhhhh!

C'en est trop! Je n'ai pas pu retenir un cri. Je ne peux rien faire, seule contre la Hère. Je n'ai même pas de couteau pour lui couper la queue! Tant pis, j'abandonne! Je ne suis pas brave, je ne suis pas courageuse. Une Julie morte de peur. Je me réfugie dans la tente à toute vitesse, je referme la fermeture éclair. Je tremble de tous mes membres.

Quelques filles remuent dans leur sac, probablement dérangées par mon cri. Je retiens mon souffle… et il me semble alors que j'entends, venus de la forêt, tout près… des rires. Bizarre. Puis, des bruits de branchages et de feuilles. Soudain, dans la nuit noire, des cris terribles s'élèvent.

— AAAAAAHHHHH!

Je n'en suis pas sûre, mais il me semble reconnaître les voix de Jacob et Dominic. Ça y est, ils ont vu la Hère. J'espère juste qu'ils n'ont pas été enlevés… La voix grave d'Alex retentit:

— Ça va, les gars? Qu'est-ce que vous faites dehors?

Jacob bégaie:

— On… on a vu… la Bête à grand'queue! Et elle…

— Ça suffit, venez dormir, l'interrompt Alex. Rentrez dans la tente. Ce n'est pas une heure pour faire des blagues.

— Ce n'est pas… pas des bl…, balbutie Dominic.

Je n'en suis pas certaine, car les voix s'éloignent par la suite, mais je crois que Jacob et Dominic pleuraient. Ils ont eu aussi peur que moi. Mais au moins, personne n'a été enlevé par cette terrible bête. Jusqu'à maintenant, du moins. La nuit n'est pas finie.

5

Le conseil de Joe Vézina

Ce matin, tout le monde semble d'une humeur massacrante. Alex ne parle presque pas. Dominic et Jacob sont déjà repartis chez eux sans nous aider à ramasser. J'aurais bien voulu les interroger sur les événements de la nuit, mais je n'en ai même pas eu le temps. Quant à moi, je n'ai pas pu fermer l'œil de la nuit après la visite de la Bête à grand'queue. Il était hors de question que je dorme, évidemment. Heureusement, comme c'est samedi, sitôt les tentes démontées, chacun repart à la maison. Je rêve déjà de m'écrouler sur mon lit et de dormir toute la journée. Une Julie épuisée par les vacances !

Mon sac à dos sur l'épaule, mon sac de couchage sous le bras, je reprends le chemin de la maison en bâillant. À cette heure, le terrain de base-ball et le centre communautaire sont déserts. Rien ne bouge au village. Je passe devant l'église, puis devant la maison de Joe Vézina. Je meurs d'envie d'aller lui raconter mon histoire, mais il est trop tôt, je crois. Et si mes parents l'apprennent, je me ferai encore gronder : ils disent que je devrais arrêter de m'intéresser aux légendes, puisque je passe mon temps à m'inventer des histoires chaque fois que j'en apprends une nouvelle… Mais je n'*invente* rien, c'est ce que papa et maman n'ont pas compris ! J'ai une vie mouvementée, c'est tout !

La porte de la maison de Joe Vézina qui s'ouvre me tire de mes réflexions. Le conteur apparaît sur le balcon, un café à la main.

— Bon matin, Julie !

Je murmure un « Bonjour » hésitant. Je lui fais part de mon aventure ou non ? Une Julie partagée. Racontera, racontera pas ?

— Tu m'as l'air bien fatiguée, déclare alors Joe. La nuit a été mauvaise ?

On dirait qu'il lit dans mes pensées ! Ça suffit, je n'ai pas le choix, l'invitation est trop belle. Je dois tout raconter ! Je me lance.

— Je n'ai pratiquement pas dormi, Joe. J'ai vu… vous ne me croirez pas, mais j'ai vu la Hère!

À ma grande surprise, contrairement aux autres adultes que je connais, Joe ne tente pas de me convaincre que j'ai rêvé ou tout imaginé. Il est exactement comme mon oncle Steph! Il se contente de prendre calmement une gorgée de café, de planter ses yeux dans les miens et de demander:

— Vraiment? Tu l'as vue?

— En fait, je n'ai pas vu la créature en tant que telle. J'ai vu ses yeux briller dans la nuit.

— Hum… Tu sais, Julie, il ne faut pas toujours croire ce qu'on voit. Nos yeux nous trompent parfois. Et si…

Joe semble réfléchir à ce qu'il doit dire. Il prend une autre gorgée de café et poursuit:

— Et si des gars de ton groupe avaient décidé de vous jouer un tour et d'essayer de vous faire peur, disons? S'ils avaient pris deux lampes de poche pour faire croire à des yeux qui brillent dans la nuit… Tu penses que ça se pourrait?

Je revois la scène de la nuit passée. Les yeux à travers les arbres… oui, je pense que ça aurait pu être des lampes de poche. J'entends aussi dans ma tête les rires étouffés quand je suis rentrée à toute vitesse dans la tente… Ce serait tout à fait le genre de blague que ferait Jacob, ça. Peut-être même avec l'aide de son inséparable ami Dominic. Grrr… Je sens la colère monter.

— Il ne faut pas leur en vouloir, poursuit Joe. Je pense qu'ils ont juste voulu s'amuser un peu. Et en fin de compte, ils ont sûrement eu encore plus peur que toi. C'est peut-être eux, finalement, qui ont vu la Bête à grand'queue…

Je repense aux cris affolés de Dominic et Jacob, cette nuit. À leurs yeux cernés et à leur fuite de ce matin. Ils auraient donc vraiment vu la Hère, comme ils l'ont dit à Alex ? Ça se tient, l'histoire de Joe… Mais je n'y comprends rien : comment sait-il tout ça ?

— Tu te demandes sûrement pourquoi je suis au courant… Je fais souvent de l'insomnie. On dirait que plus je vieillis, moins je dors. J'ai donc pris l'habitude de m'installer sur mon balcon très tôt le matin. Tantôt, au lever du soleil, tes deux amis sont passés devant ma maison en revenant du boisé et ils m'ont tout raconté. Ils étaient vraiment morts de peur…

Il lit dans mes pensées ! Pas de doute : Joe Vézina est un peu sorcier !

— Bien moi, je dis : tant mieux pour eux ! Quand je vois des gars essayer de faire peur à des jeunes filles sympathiques, continue Joe avec un sourire malicieux, des fois, je pense que ce serait bien que quelqu'un s'en mêle un peu et leur rende la pareille…

Joe redevient sérieux. Est-ce qu'il essaye de m'expliquer que c'est lui qui a joué un tour à Jacob et Dominic ? Quand il fait de l'insomnie, la nuit, est-ce qu'il va se promener ? Joe ouvre la porte. Juste avant de rentrer, il me dit d'un air très grave :

— J'ai juste un conseil à te donner, Julie : les créatures comme la Hère, moi, j'ai pour mon dire qu'il vaut mieux pas s'en moquer. On les approche pas, on les provoque pas, on s'en tient le plus loin possible.

Il disparaît dans la maison. Songeuse, je reprends la route vers chez moi. Joe Vézina a beau dire qu'il n'a jamais vu la Hère, je trouve qu'il a l'air d'en savoir très long sur le sujet. Je ne serais pas étonnée qu'il la connaisse personnellement.

En tout cas, message reçu : j'ai bien compris son avertissement. C'était on ne peut plus clair. Joe peut être certain que je ne me moquerai jamais de la Bête à grand'queue et que je m'en tiendrai aussi loin que possible toute ma vie. Du moins, je vais essayer… Quand il est question de légendes, j'ai parfois du mal à contrôler ma curiosité ! Dans ma tête, je remercie Joe pour son conseil précieux. Une Julie avertie en vaut deux !

FIN

Julie et Alexis le Trotteur

La légende d'Alexis le Trotteur m'a fait travailler fort ! En plus de me livrer à mes recherches habituelles, j'ai dû, cette fois, jouer au détective pour retracer le corps du Trotteur !

Alexis le Trotteur, Alexis Lapointe de son vrai nom, a réellement existé. Il a vécu de 1860 à 1924. Quand il est mort, on l'a enterré à La Malbaie. Mais en 1966, un étudiant l'a fait exhumer pour voir si ses os étaient plus longs que la normale, pour faire des tests et tenter de comprendre pourquoi il était si rapide. Croyez-le ou non, les ossements ont ensuite traîné dans une penderie quelques années, puis ont été collés sur une planche de bois et exposés dans un centre commercial, au Musée du Saguenay, au Musée de la Pulperie, etc. Ensuite, on perd un peu leur trace... À force de fouiller, j'ai découvert que les ossements avaient été retournés dans Charlevoix, à Clermont, en 2009. J'ai appelé la municipalité de Clermont et on m'a confirmé que le Trotteur y était maintenant enterré. Je me suis rendue au cimetière. La pierre tombale est toute discrète, on y a juste écrit « Alexis Lapointe, 1860-1924 », et on peut facilement passer devant sans même se douter qu'on vient de fouler la tombe d'un des personnages légendaires les mieux connus du Québec. Le Trotteur ne trottera plus, mais j'espère que grâce à Julie, entre autres, il restera dans la mémoire de tous.

1

Pique-nique au parc

Lundi, j'étais vraiment excitée : c'était le jour de la rentrée ! Comme tout le monde, j'aime l'été et les vacances. Mais deux mois, c'est quand même long… Je commençais à avoir bien hâte de reprendre la routine scolaire. J'allais découvrir qui était mon enseignante pour l'année. Utiliser mes nouveaux cahiers. Revoir plusieurs de mes amies perdues de vue pendant l'été. J'adore les premiers jours d'école !

Mais nous sommes aujourd'hui vendredi… et je suis moins enthousiaste. Mon enseignante est très gentille. J'aime beaucoup écrire dans mes nouveaux cahiers. Je suis contente d'avoir retrouvé mes amies… Mais déjà, je m'ennuie un peu des longues journées à jouer dehors. Je regrette aussi les matins où je pouvais traîner au lit. Les journées d'école me semblent longues, longues, longues, alors que celles au terrain de jeu filaient comme l'éclair ! Une Julie jamais contente !

La journée est terminée. Demain, c'est samedi. Je me lève de mon pupitre, je mets mon sac sur mes épaules en poussant un soupir. J'esquisse un petit sourire en songeant aux deux journées de congé qui m'attendent et je sors de l'école. Et là, je remplace mon petit sourire par un sourire immense. Géant. Car, debout à la sortie de la cour de récréation, je viens de voir Stéphane, mon oncle adoré !

Je cours vers lui à toute vitesse.

— Steeeeeph !

Je lui saute au cou. Je n'ai presque pas vu Stéphane de tout l'été. Il a été très occupé. Mon oncle est ethnologue. Il fait le tour du Québec pour recueillir des légendes et il travaille sur un projet important pour un nouveau livre. Je n'en sais pas plus sur ce qu'il veut écrire cette fois, mais ce que je sais, c'est qu'il a passé pratiquement tout son été au Saguenay et dans la région de Charlevoix.

— Je me suis ennuyée de toi !

Mon oncle rit aux éclats et me serre bien fort dans ses bras.

— Tu m'as manqué aussi, ma belle Julie ! Mais ça y est, je suis de retour ! Et pour un bon bout de temps. J'ai trouvé toutes les informations que je voulais. J'ai visité plein de lieux inspirants pour mon projet. Je vais pouvoir commencer à écrire mon livre bientôt… Plus de déplacements pour quelques mois !

— Je ne sais même pas de quoi parle ton livre… Raconte-moi, Steph !

Le travail de mon oncle me fascine. Je n'en ai jamais assez des légendes du Québec qu'il me présente. Je veux toujours en apprendre plus !

— Je vais tout te dire plus tard, petite curieuse ! Ne t'en fais pas, on va avoir largement le temps de parler… Je t'enlève pour la soirée ! J'ai déjà prévenu tes parents.

Je remarque, posé à ses pieds, un panier de pique-nique qui déborde de victuailles. Je l'ouvre pour y jeter un coup d'œil : un gros pain rond qui sent trop bon, mon fromage préféré, des rillettes, des tomates cerises (miam !), deux mangues (miaaaam !), des biscuits encore chauds (miaaaaaaaam !) et encore plein d'autres choses ! Je l'adore, mon oncle !

Nous marchons d'un bon pas en direction du parc. J'ai l'impression d'être de nouveau en vacances ! Stéphane a tout prévu, même un ballon et un frisbee. Il est aussi passé chez moi pour prendre mon maillot de bain et une serviette de plage. Pendant une heure, nous jouons comme des fous dans les modules et les jeux d'eau. Quand je commence à avoir faim, je dois presque supplier mon oncle d'arrêter de jouer.

— On mange, Stéphane ?

Il court d'un jet d'eau à l'autre en riant aux éclats.

— Tantôt, Julie ! On s'amuse trop !

— Mais j'ai faim, moi !

Stéphane semble déçu. J'ai presque l'impression qu'il va se mettre à bouder, comme un bébé. Il se comporte toujours bien plus en enfant que moi !

Mais non, il accepte finalement de prendre une pause pour souper. Il se sèche et retrouve vite sa bonne humeur habituelle. Nous déplions une longue nappe à carreaux et vidons le panier en criant de plaisir à chaque nouvel aliment. Quand tout est prêt pour le festin, Stéphane se penche vers moi, plante ses yeux dans les miens et dit :

— Bon, maintenant, Julie, je veux tout savoir ! Je me suis trop ennuyé de toi les dernières semaines… Quel genre d'été as-tu passé ? Tu t'es amusée ? Tu t'es fait des amis ? C'était bien, les vacances ?

Je réussis à mettre fin à l'interrogatoire de mon oncle en riant.

— Arrête tes questions, Steph ! Laisse-moi répondre !

Je lui parle un peu de mes parents, qui travaillent tout le temps. Je lui parle surtout du terrain de jeu, où je ne voulais pas aller au début, mais que j'ai beaucoup aimé, en fin de compte. Je n'ose pas lui parler du beau Dominic, qui fait battre mon cœur un peu plus vite… Je lui décris plutôt mon moniteur, un gars sympathique comme tout, qui marchait vraiment très rapidement.

— Je te jure, Steph, on avait du mal à le suivre ! Mais il était génial : il proposait toujours de nouveaux jeux, il se déguisait et inventait des personnages, il connaissait plein de chansons, c'est le meilleur moniteur que j'ai eu ! Et il est tellement drôle : quand il rit, on dirait un cheval qui hennit !

Les yeux de Stéphane brillent. Comme s'il avait envie de me confier quelque chose. Mais il se contente de demander :

— Qu'est-ce que tu as préféré dans tout ton été, Julie ?

Je n'hésite même pas.

— C'est quand mon moniteur, Alex, a eu l'idée d'inviter Joe Vézina au terrain de jeu. Tu imagines comme j'étais contente ! Joe lui-même est venu nous raconter une légende !

Selon mon oncle, Joe Vézina est le meilleur conteur de tout le village. C'est grâce à lui si Stéphane a eu envie de devenir ethnologue.

— Quelle histoire Joe vous a-t-il racontée ?

— La légende de la Hère.

Stéphane laisse échapper un sifflement.

— Ooooh ! La Bête à grand'queue !

Je fais un petit oui de la tête. J'hésite, mais je sais que je peux tout confier à Steph. Il ne se moque jamais de moi. Alors je murmure :

— Après la légende, mon groupe et moi, on est allés faire du camping. J'ai entendu du bruit pendant la nuit. Je suis sortie de la tente et j'ai vu des yeux brillants. J'ai eu peur…

— Je te comprends ! Je me serais mis à hurler, tu me connais !

Je ris de bon cœur. C'est vrai que mon oncle est parfois plus peureux que moi ! Stéphane déclare :

— Je trouve ça merveilleux que tu t'intéresses autant aux légendes d'ici, Julie. Si tu veux, je peux t'en raconter une nouvelle. Une histoire que j'aime beaucoup. C'est même de ce personnage que mon prochain livre parlera…

Je me demande bien de qui il s'agit. Je frémis d'impatience. Tu parles si je veux ! Je ne refuserais pour rien au monde ! Une légende de Stéphane, pour moi, c'est aussi excitant qu'une sortie à La Ronde ! Aussi magique que le réveillon de Noël !

— Est-ce que c'est un personnage que je connais déjà, Steph ? Je suis rendue pas mal bonne dans les légendes québécoises, même Joe Vézina me l'a dit ! C'est un feu follet ? La Corriveau ? La Dame blanche ? Le Bonhomme Sept Heures ? Ou c'est une histoire qui parle du diable, comme celle de Rose Latulipe ?

Stéphane semble tout fier de moi. Il ébouriffe joyeusement mes cheveux avant de répondre d'un air mystérieux :

— Non, c'est une légende que je ne t'ai jamais racontée encore, Julie… Elle ne fait pas peur comme la Hère ou la Messe de minuit, mais elle présente quelqu'un de fascinant. De plus grand que nature…

Je me couche confortablement à plat ventre sur la nappe, les pieds en l'air et le menton dans mes mains. Le vent est doux, le soleil brille encore, j'ai bien mangé, et mon oncle adoré s'apprête à me raconter une nouvelle légende… Une Julie comblée ! Que les vacances soient terminées ou non, la vie n'a jamais été aussi belle !

2

Un conteur et un coureur

Mon oncle est un conteur fabuleux. Quand il me raconte une légende, le temps s'arrête. Plus rien n'existe autour de nous. Stéphane s'installe en indien devant moi, le dos bien droit. Il ferme les yeux à demi en me fixant intensément, prend sa voix la plus grave et commence :

— La légende que je vais te raconter est celle d'Alexis Lapointe. On l'appelle aussi Alexis le Trotteur, ou encore le Cheval du Nord, ou parfois le Surcheval.

— Le Surcheval ? On dirait un nom de superhéros…

Stéphane sourit.

— Eh bien, tu n'es pas très loin de la vérité, Julie ! Alexis était si spectaculaire qu'on aurait dit qu'il avait des pouvoirs magiques...

— Quel genre de pouvoirs ?

Une Julie qui veut tout savoir, tout de suite !

— Attends, petite impatiente ! Laisse-moi d'abord te raconter son histoire. On sait qu'Alexis Lapointe est né dans la région de La Malbaie, dans Charlevoix, en 1860. Il vient d'une famille nombreuse : les Lapointe avaient 14 enfants ! C'était une famille de paysans pas très riches.

— Tu veux dire qu'Alexis a vraiment existé, Steph ? Comme la Corriveau ? Ce n'est pas un personnage inventé ?

— C'est exact, Julie. Alexis Lapointe a vécu au Québec. Par contre, c'est difficile de dire exactement ce qui est vrai ou pas dans toutes les histoires qui courent sur lui. Il y en a tellement... Peut-être que certains épisodes sont vrais, peut-être que d'autres ont été inventés ou exagérés.

— Pourquoi on l'appelait le Trotteur ?

Stéphane rit doucement.

— Toujours aussi pressée, Julie ! J'y arrive ! Alexis a une enfance assez normale, semble-t-il. Mais il ne va pas à l'école longtemps. Il commence tôt à exercer toutes sortes de métiers. Assez rapidement, les gens remarquent qu'Alexis a un don spécial : il court très, très vite ! Il est plus rapide que n'importe quel autre humain. Et on dit qu'il courait aussi plus vite que les chevaux, et même que les trains !

— Il courait plus vite qu'un cheval ? Difficile à imaginer ! C'est pour ça qu'on l'appelait le Cheval du Nord ?

— Oui, mais aussi parce qu'il avait l'habitude, avant de courir, de hennir comme un cheval et de se fouetter les cuisses ! Alexis courait si vite qu'on raconte qu'il a déjà battu un bateau… Le Trotteur est parti de Pointe-au-Pic en même temps que le bateau… pour arriver à Chicoutimi avant lui ! En moins de 12 heures, il aurait parcouru 146 kilomètres ! Plusieurs ont dit de lui que c'était l'homme le plus rapide au monde.

— Tout ça est réellement arrivé ?

— On ne sait pas, Julie. C'est des histoires qu'on raconte depuis maintenant plus de cent ans, mais il n'y a pas de témoins pour préciser ce qui est vrai là-dedans, pas de documents écrits non plus. En tout cas, selon la légende, ce qui est certain, c'est qu'Alexis était vraiment tout un athlète. Il pouvait courir longtemps et danser des nuits entières sans se fatiguer. Mais il paraît que la plupart des récits de ses plus grands exploits sont nés seulement après la mort du Trotteur… Comme ses courses contre les trains, par exemple. Rien ne prouve aujourd'hui qu'elles ont réellement eu lieu.

Je ferme les paupières quelques secondes. J'essaie d'imaginer Alexis, un grand bonhomme rapide qui court comme un cheval et qui aime hennir. J'ouvre les yeux et demande à Stéphane :

— Il gagnait sa vie en courant, Alexis ? C'était ça, son métier ?

— Non. Il a fait plusieurs petits boulots, mais il a surtout été reconnu comme constructeur de fours à pain. Il se fouettait les jambes et, alors, il se mettait à piétiner la glaise en dansant pendant des heures et des heures. Les gens racontaient que ses fours à pain étaient les meilleurs parce que le Trotteur ajoutait au mélange de glaise et d'eau quelques gouttes d'une potion magique qui donnait une âme au four.

— Hum… étrange. Si on racontait ce genre de chose sur lui, j'imagine que c'est parce qu'on le trouvait un peu bizarre, à l'époque ?

— Je crois bien que oui, Julie. Mais c'est assez partagé : pour certains, Alexis était un personnage un peu magique, un peu sorcier. Toutefois, plusieurs pensaient plutôt que ce n'était qu'un idiot, un simple d'esprit qui se prenait pour un cheval… En fait, un voile de mystère entoure Alexis… En plus des histoires de potion magique, on raconte qu'il avait une endurance trop grande pour être simplement humain… Il dansait de 7 heures le soir à 7 heures le matin sans s'arrêter et il était capable de rentrer chez lui, à des kilomètres de la danse, en galopant encore! Certains disaient qu'il fallait être parent avec le diable pour être aussi résistant! Même ses yeux faisaient jaser…

— Pourquoi?

— Il avait des yeux pâles, et une drôle de ligne faisait le tour de son iris. Ça lui faisait un regard étrange. On aurait dit que la couleur n'était jamais la même d'une journée à l'autre… Bref, tu vois, autant à cause de son physique que de ses exploits, beaucoup de rumeurs couraient autour d'Alexis le Trotteur!

Je réfléchis un moment à ce drôle de personnage. Il est né en 1860, donc je me doute bien qu'il ne vit plus aujourd'hui, il serait beaucoup trop vieux… Mais comme dans le monde des légendes, tout peut arriver, je demande à mon oncle:

— Il est mort, maintenant, Alexis?

— Bien sûr. Il y a plusieurs dizaines d'années déjà.

— Est-ce que sa mort a été mystérieuse aussi ?

— Bonne question, Julie… Alexis s'est pris pour un cheval et a couru toute sa vie, un peu partout. Après avoir voyagé pas mal, des États-Unis en passant par la Matapédia et le Saguenay–Lac-Saint-Jean, c'est à Alma qu'Alexis est mort, en 1924. Il a été écrasé par un train… Encore là, toutes sortes de rumeurs circulent : on prétend parfois qu'il n'a pas entendu venir le train. D'autres disent plutôt qu'Alexis, âgé de plus de 60 ans, a tenté de courir plus vite que le train, mais qu'il n'avait plus la forme nécessaire, que son cœur a lâché… Peut-être enfin qu'il marchait simplement sur les rails et qu'il a fait un faux pas, il a trébuché…

— Et qu'est-ce qui s'est réellement passé ?

— On ne le saura jamais. Un homme était décédé, mais une légende venait de naître… Grâce à toutes les histoires qu'on raconte sur lui, même si Alexis Lapointe est mort, Alexis le Trotteur vivra toujours dans la mémoire des gens d'ici. Depuis son décès, tout le monde vante les exploits de cet athlète extraordinaire… Pourtant, de son vivant, on s'est beaucoup moqué de lui, paraît-il… Il a souvent été vu comme une sorte de bête de cirque, parfois même un peu comme un fou du village. Mais à sa mort, c'est devenu un héros, un personnage légendaire. La vie est drôlement faite, parfois.

Stéphane se tait. J'attends la suite… rien. Mon oncle a terminé. J'aurais voulu que ça continue… Une Julie déçue ! Je demande :

— C'est tout ?

— Oui, ma belle ! C'est tout pour ce soir. Il commence à faire froid, non ? On va bouger un peu. Tu liras toutes les autres versions possibles de cette légende et bien des détails encore dans le livre que je vais écrire. Pour l'instant, c'est l'heure… du frisbee !

Mon oncle se lève et me lance le disque en disant :

— Je ne cours peut-être pas comme Alexis le Trotteur, mais je me débrouille pas mal pour mon âge !

Je bondis pour attraper le frisbee et je rétorque :

— Tu n'as pas besoin d'être le meilleur coureur, Steph. Pour moi, tu es déjà le meilleur conteur !

Stéphane m'adresse un large sourire ému. Il est si touché… qu'il en oublie d'attraper le frisbee que je viens de lancer et qui fonce droit sur son épaule ! Il me fait une grimace :

— Espèce de petite rusée ! Me déconcentrer juste pour que je ne sois pas de taille à jouer contre toi !

Nous nous amusons encore un bon moment avant que la noirceur nous empêche de rester davantage au parc. Je rentre chez moi la tête pleine d'images de cet homme très rapide, aux yeux étranges, qui pouvait même donner une âme aux objets… Passer une soirée avec Alexis le Trotteur et Stéphane le Conteur, que demander de mieux ? Une Julie gâtée !

3

Les soupçons du samedi

Toute la nuit, j'ai rêvé de courses contre les trains, d'un homme qui se prend pour un cheval, qui se fouette les cuisses avant de courir et pousse des hennissements. Quand je me lève, ma mère est déjà partie travailler et mon père a la tête plongée dans de très sérieux et ennuyeux documents. On a beau être samedi, pas de vacances pour les urgences du bureau, semble-t-il ! Je bâille d'ennui. Heureusement, je finis à peine mon petit-déjeuner qu'on frappe à la porte. C'est mon amie Audrey, une fille bien gentille avec qui je me suis beaucoup tenue au terrain de jeu cet été.

— Tu viens jouer au basket avec moi ? demande Audrey, son ballon sous le bras.

J'accepte. Je cours enlever mon pyjama et me brosser les dents, et zou ! nous voilà sur le chemin de la cour d'école, où deux paniers de basket-ball nous attendent. Aller à l'école même le samedi, il faut le faire !

Nous sommes presque arrivées. Nous bavardons de choses et d'autres quand soudain Audrey s'exclame :

— Hé ! Regarde, les deux gars au fond de la cour ! Le plus grand… on dirait que c'est Alex, le moniteur de notre groupe de terrain de jeu !

Je jette un œil attentif au garçon en train de faire des sprints un peu plus loin. Sa longue silhouette mince est en effet facile à reconnaître.

— Oui, c'est bien lui…

Audrey esquisse un petit sourire timide.

— Je le trouve beau, moi, le grand Alex. J'aime surtout ses yeux bleus…

— Bleus ? Voyons, Audrey ! Alex a les yeux verts !

— Tu es sûre, Julie ?

— Certaine ! Je me disais justement cet été qu'on ne voyait pas souvent une telle couleur.

Audrey jure qu'elle s'est dit la même chose à propos du bleu des yeux de notre moniteur… Bizarre. Afin d'en avoir le cœur net, nous décidons d'aller dire bonjour à Alex… et d'en profiter pour vérifier discrètement la couleur de ses yeux !

À notre arrivée, Alex interrompt sa course et vient nous saluer joyeusement. Il courait à toute allure depuis un bon moment déjà, d'après ce que j'ai pu voir, et pourtant, il ne semble même pas essoufflé…

— Julie ! Audrey ! Vous voulez vous entraîner avec moi ?

Audrey explique :

— Non, on venait jouer au basket. Je ne savais pas que tu t'entraînais…

Alex répond avec un sourire fier :

— Oui, mam'zelle ! Je fais des compétitions de course depuis que je suis tout petit. Je rêve de participer aux Jeux olympiques. Honnêtement, avec les résultats que j'ai depuis deux ans, il y a de bonnes chances que je fasse les prochains Jeux, si tout va bien. Je me débrouille pas mal du tout ! Mais ce matin, ce n'est pas un entraînement sérieux… Nous sommes ici pour nous amuser !

Pas un entraînement sérieux ! Aïe ! Je me demande bien de quoi il est capable lors d'un véritable entraînement ! Voilà qui explique pourquoi tout l'été nous avions du mal à le suivre quand il marchait devant nous... Alex continue en pointant du doigt celui qui l'accompagne :

— Et j'ai le meilleur entraîneur au monde : Martin, un ami de longue date.

— C'est facile d'être le meilleur entraîneur quand on assiste le meilleur coureur au monde !

Sur ces mots de Martin, Alex laisse échapper un grand rire. On dirait un cheval qui hennit. Mille pensées me traversent l'esprit : un coureur très rapide... Un hennissement... La légende racontée par Steph me revient en mémoire. Une Julie troublée ! Je demande :

— Il faut sûrement être très résistant pour être de taille à lutter contre des coureurs olympiques ?

C'est Martin qui répond :

— Aucun problème pour Alex ! Il peut courir pendant des heures. Je l'ai souvent vu danser des nuits entières sans paraître fatigué le moins du monde !

— Et je parie qu'il rentrait chez lui en galopant à la fin de la nuit ?

Martin éclate d'un rire joyeux.

— Tu connais bien notre Alex ! C'est tout à fait lui !

Je frémis. Un soupçon grandit dans mon esprit. Je songe aux folles nuits de danse d'Alexis le Trotteur. À sa mort mystérieuse. À ses qualités de coureur. À sa grande résistance. À ses yeux étranges… Je me demande si Alex est capable, lui aussi, de donner une âme aux objets… Je sens la chair de poule recouvrir mes bras.

— J'ai une question pour toi, Alex.

— Oui, Julie ?

— Quel est ton nom de famille ?

Il semble étonné. C'est vrai que mon changement de conversation peut paraître un peu brutal… Il répond pourtant d'une voix très calme en plongeant ses yeux dans les miens :

— Lapointe. Alex Lapointe.

Mon cœur fait trois bonds. D'autant plus que j'ai eu le temps de remarquer que ses yeux sont gris, aujourd'hui. Pas verts. Ni bleus. Gris. Un long frisson court dans mon dos.

Ma gorge se serre. Nous laissons Martin et Alex à leur entraînement pour aller jouer au basket. Du moins, j'essaie de jouer… Je n'ai pas la tête à ça du tout. Je lance tout de travers. Perdue dans mes pensées, je n'attrape jamais le ballon que m'envoie Audrey… Mon amie ne dit rien, mais elle me regarde d'un air intrigué. Elle semble se demander ce que j'ai. Au bout de vingt minutes, je n'en peux plus.

— C'est vrai, j'avais complètement oublié que j'avais promis à mon oncle de passer chez lui, ce matin ! Il faut que je parte. Désolée, Audrey !

Et je plante mon amie là sans hésiter. Une Julie un peu menteuse… Je n'ai rien promis du tout à Steph, mais je dois absolument lui parler. Maintenant. Sans attendre.

Je cours jusque chez mon oncle à toute vitesse. Je sens mon cœur battre dans mes tempes. Les habitants qui ont connu Alexis le Trotteur avaient raison, je crois… Il n'était peut-être pas humain. Il y avait quelque chose de diabolique là-dessous. Sinon, comment expliquer que je le rencontre environ 90 ans après sa mort ? Si ce n'est pas lui, ça lui ressemble étrangement… Et si c'était son fantôme ? Est-ce que les fantômes peuvent être moniteurs de terrain de jeu et faire de la course à pied ? Rien n'est impossible dans les légendes, Stéphane me l'a souvent répété…

Me voilà enfin arrivée. Le souffle court, je cogne très fort sur la porte d'entrée de la maison de mon oncle.

— Stéphane ! Stéphane ! Ouvre vite ! C'est urgent ! Il faut que je te parle !

4

Le Trotteur ne trottera plus

Quand mon oncle ouvre enfin la porte, je ne peux retenir un petit cri. Pas parce que j'ai peur, non… plutôt parce que je suis étonnée. Stéphane, tout ébouriffé, porte une robe de chambre orange vif et des pantoufles en forme de petits monstres verts… Ça surprend !

— Julie ? Qu'est-ce qui se passe ? Il est tôt… Tu vas bien ?

— Je te réveille, Steph ?

— Non, non, je m'apprêtais à déjeuner. Entre. Il est arrivé quelque chose ?

Je rassure rapidement Stéphane et je le suis jusqu'à la cuisine. Sur la table, je remarque un énorme bol de chocolat au lait et une assiette. Dans l'assiette, mon oncle a formé un bonhomme. Un croissant pour la bouche, des quartiers d'orange pour les yeux et un raisin pour le nez. Steph me jette un petit regard embarrassé et s'empresse de déplacer les aliments, comme s'il espérait que je n'aie rien remarqué... J'en oublie mes soucis un moment. Je l'adore, mon oncle ! Une Julie qui a bien envie de rire !

Stéphane s'assoit, prend une gorgée de chocolat chaud dans son bol, le dépose sur la table et me demande d'un ton grave :

— Bon. Raconte-moi. Pourquoi cette visite si tôt le samedi matin ?

Hum... difficile de le prendre au sérieux avec la large moustache de chocolat qui recouvre sa lèvre ! Cette fois, je ne peux me retenir. Je rigole de bon cœur en lui faisant signe du doigt de s'essuyer. Mon oncle finit par comprendre et je peux enfin retrouver mon calme et lui faire part de mes soupçons.

— J'ai fait une grande découverte, Steph. Ça va t'intéresser, c'est certain. Je pense même que ce sera important pour ton livre...

Les yeux de Stéphane se mettent à briller. Il se penche vers moi, intrigué, et chuchote :

— De quoi tu parles ?

Je me penche vers lui à mon tour et je réponds, sur le ton de la confidence :

— Alexis le Trotteur n'est pas mort…

Une seconde de silence. Puis deux. Puis trois. Mon oncle se contente ensuite de hausser les épaules.

— Désolé de te contredire, Julie, mais je t'assure qu'il est bel et bien mort.

Je l'avoue, je suis un peu déçue… Moi qui m'attendais à une réaction monstre ! À une explosion de joie devant cette révélation incroyable ! J'insiste :

— Non, tu ne comprends pas, Steph ; je l'ai rencontré…

Cette fois, ce n'est plus la curiosité qui fait briller les yeux de Stéphane. C'est plutôt l'inquiétude. Il pousse un soupir.

— Voyons, ma belle Julie, puisque je te dis qu'en 1924…

Je le coupe aussitôt :

— Oui, oui, je sais… Mais je n'ai pas besoin de te rappeler que les choses ne sont pas toujours comme elles paraissent, dans les légendes… Souviens-toi : on n'a jamais retrouvé le corps de la Dame blanche ni celui de son fiancé. Et pourtant, chaque année, des gens disent avoir vu le fantôme de la Dame blanche à la chute Montmorency… Dans la légende de la Corriveau, après avoir mis la sorcière en cage, les habitants ne l'ont pas revue… Le corps a disparu. Tu vois ?

— Julie, ce sont des légendes… des histoires. Tu ne dois pas tout croire…

J'ai l'impression d'entendre ma mère. Ou mon père. Je suis terriblement déçue. Moi qui ai toujours pu compter sur mon oncle adoré pour me comprendre… Le seul adulte de mon entourage à embarquer dans mes histoires sans passer son temps à me dire d'être raisonnable…

Je baisse les yeux et pousse le plus long soupir du monde. Une Julie découragée… Mieux vaut ne rien raconter. Stéphane est comme les autres, finalement. Je quitte la table et m'apprête à partir. Juste à ce moment, Stéphane me dit :

— Allons, Julie, ne fais pas cette tête-là ! Viens t'asseoir et raconte-moi ce que tu as découvert qui a bien pu te laisser croire qu'Alexis vivait toujours. Je meurs de curiosité !

Ah ! Voilà ! Je reconnais mon précieux complice ! Une Julie soulagée !

Je raconte tout à Stéphane : Alex, qui s'appelle Alex Lapointe. Qui court très vite. Qui danse des heures sans se fatiguer. Qui a les yeux de plusieurs couleurs différentes.

— Il rit comme un cheval, en plus, Steph !

— Les chevaux ne rient pas, Julie…

Je lève les yeux au ciel.

— Quand il rit, on dirait un cheval qui hennit.

Le regard moqueur de mon oncle m'apprend que ce dernier ne faisait que me taquiner. Ouf !

Stéphane écoute tout mon récit, pose plusieurs questions. Une fois sa dernière gorgée de chocolat chaud avalée, il déclare :

— C'est vraiment intéressant, tout ça, Julie. Et pas mal intrigant, je l'avoue. Malheureusement, ce ne sont que des coïncidences. Je suis certain qu'il ne s'agit pas d'Alexis Lapointe, dit le Trotteur.

— Comment peux-tu en être si sûr ?

— C'est simple : quand Alexis est mort, en 1924, il a été enterré. À La Malbaie.

— Mais peut-être que c'était une ruse ? Qu'il n'y avait pas de corps ? Qu'on a fait semblant ?

Mon argument ne semble pas du tout ébranler Stéphane. Il paraît toujours aussi convaincu.

— Impossible, Julie. Je t'assure qu'il était bel et bien dans la tombe… Je le sais pour la bonne raison qu'on a déterré le corps d'Alexis en 1966…

Je ne peux retenir une grimace.

— QUOI ? On l'a déterré ?

— Oui. Un dénommé Larouche, alors étudiant, voulait analyser les restes d'Alexis pour tenter de mieux comprendre la légende du Trotteur. Il voulait voir si les os étaient plus longs que la normale, par exemple. Le corps a été déterré. Et il y avait bel et bien un squelette dans la tombe… Elle n'était pas vide.

— On l'a remis au cimetière ensuite ?

— Eh non… C'est toute une histoire ! Les restes d'Alexis Lapointe sont demeurés quelques années chez cet étudiant, puis ils ont été remis au Musée du Saguenay… On les retrouve ensuite au Musée de la Pulperie, à Chicoutimi.

Mon hypothèse vient de s'effondrer… Je demande d'une petite voix :

— Et ils y sont toujours ?

— Non. Ils ont été retournés à Charlevoix en novembre 2009. Le Trotteur repose maintenant dans le cimetière paroissial de la municipalité de Clermont.

— Là où il avait d'abord été enterré…

— Eh bien, dans la même région, oui, dans Charlevoix. Mais la première fois, c'est à La Malbaie qu'il avait été enterré.

Nous restons un moment silencieux, plongés dans nos réflexions. C'est finalement mon oncle qui reprend la parole.

— Voilà la fin de l'histoire d'Alexis Lapointe, dit le Trotteur, Julie. Il est mort et enterré. Le Trotteur ne trottera plus, je peux te l'assurer…

Stéphane semble presque triste en disant ces paroles. Je le suis tout autant. Mais je demeure troublée. Une petite voix chuchote dans ma tête que la ressemblance entre Alex et Alexis est quand même frappante… Et si ce n'était pas le véritable squelette du Trotteur qui était dans la tombe ? Si on l'avait remplacé par un autre corps ? Si on avait enterré n'importe qui pour faire croire à la mort d'Alexis ? Une Julie pas tout à fait convaincue.

5

Un aveu à Alex

Je quitte la maison de mon oncle, un peu dépitée. Sur le pas de la porte, toujours aussi ébouriffé, en robe de chambre orange et pantoufles vertes, Stéphane me salue d'un signe de la main. Je tourne et retourne tout ce que je sais sur Alexis Lapointe, dit le Trotteur, dans ma tête… Il me semble que ça fait beaucoup de coïncidences… Je pense soudain à Audrey ; je me sens coupable d'avoir abandonné mon amie seule à l'école, assez brusquement, après vingt minutes à peine de basket-ball. Pas très sympathique de ma part !

Je reprends le chemin de la cour d'école dans l'espoir qu'Audrey y soit encore. Personne aux paniers de basket. En revanche, au fond de la cour, j'aperçois Alex, qui court toujours… Il est infatigable, celui-là ! Son entraîneur semble avoir quitté

les lieux. J'hésite… J'aurais bien envie de lui parler, mais comment trouver un prétexte pour aborder la légende d'Alexis le Trotteur mine de rien ?

Alex m'aperçoit et m'adresse un petit hochement de tête. Il continue sa course. Je le regarde faire une dizaine de tours de la cour d'école et je m'approche de lui.

— Tu cours encore ?

Il pousse un grand rire, une sorte de hennissement.

— Je cours toujours ! Je n'en ai jamais assez !

Incroyable ! Il ne paraît presque pas essoufflé !

— Je cherche Audrey… Elle est partie ?

— Oui, il y a un bon moment. Tout de suite après toi, il me semble.

Je reste silencieuse quelques secondes, puis je fonce :

— C'est drôle, je ne savais pas que tu t'appelais Alex Lapointe. Ça ressemble beaucoup à un personnage de légende…

Bon. Pour la subtilité, on repassera. Tant pis. Au moins, ça y est, j'ai abordé le sujet.

Alex semble surpris.

— Tu connais Alexis le Trotteur ?

Je le fixe droit dans les yeux en répondant :

— Oh oui, je le connais. Plutôt bien, même.

— C'est vrai, mon nom ressemble beaucoup au sien ! C'est voulu. Mes parents adorent les légendes québécoises. J'ai une sœur qui s'appelle Rose, à cause de Rose Latulipe. Imagine : au début, mon père voulait l'appeler Marie-Josephte, comme la Corriveau !

Un grand rire le secoue. L'image d'un cheval me revient aussitôt à l'esprit. Alex continue :

— Quand je suis né, mes parents ont donc décidé, toujours pour faire un clin d'œil à une légende de chez nous, de m'appeler Alexandre. Alex Lapointe. Je ne sais plus combien de fois ils m'ont raconté l'histoire d'Alexis le Trotteur quand j'étais petit ! Des dizaines et des dizaines au moins ! Au fond, c'est probablement grâce à cette légende que j'aime tant courir… Le Trotteur m'a sûrement influencé… À force d'entendre son histoire, j'ai fini par m'identifier à lui.

Je réfléchis un moment. Hum… oui. Son explication me semble crédible. Ses yeux sont toujours posés sur les miens. Tiens, ils ne sont pas gris, en fin de compte. Ils semblent maintenant d'un brun très pâle. Bizarre, quand même… Je finis par déclarer :

— J'ai un aveu à te faire, Alex…

Ses sourcils se haussent, sa bouche s'arrondit.

— Oh… un aveu ! Vas-y, Julie, je t'écoute.

— Quand j'ai appris que tu t'appelais Alex Lapointe, j'ai bien cru que tu étais Alexis le Trotteur de retour sur Terre… Je ne connais personne qui court comme toi, si vite et sans se fatiguer.

Il laisse échapper un rire immense. Un hennissement terriblement amusé.

— Ça alors ! Quelle imagination ! C'est très flatteur pour moi ! J'aimerais bien être un athlète aussi impressionnant que le Trotteur… Courir plus vite qu'un train ou qu'un cheval au galop, tu imagines ! Wow ! Mais… tu sais qu'Alexis est mort, Julie ?

— Mort et enterré, oui. Deux fois plutôt qu'une. Enterré à La Malbaie, puis à Clermont. Je sais.

Alex semble surpris que je sois si bien renseignée. Il ramasse son sac de sport posé près du mur de l'école, le jette sur son dos en rigolant toujours et en secouant la tête.

— Être un autre Alexis, le Trotteur revenu sur Terre… Je ne dirais pas non !

Il fait quelques pas, s'éloigne de moi, puis il se retourne brusquement.

— Julie, il y a quelque chose que je dois te confier, tout de même… Je ne suis pas le Trotteur, c'est vrai. Mais tu sais, même si je l'avais été, je ne te l'aurais jamais dit ! Ce genre de chose doit rester un secret, j'imagine !

Une Julie bouche bée ! Ou bien j'ai trop d'imagination, ou bien il vient pratiquement de m'avouer son secret… Alex continue :

— J'ai été content de te voir, Julie.

Il consulte sa montre.

— Bon, je dois y aller, je m'en vais passer quelques jours dans ma famille, dans Charlevoix… Passe une belle fin de semaine !

Il laisse échapper un dernier grand rire, se tape sur les cuisses et file vers la rue en galopant. Je crie :

— À bientôt, Alexis !

Sans s'arrêter, il me fait un salut de la main. C'est bien ce que je pensais… Il n'a même pas remarqué que je m'étais trompée… Que je l'avais appelé Alexis au lieu d'Alex. Je le regarde courir à toute vitesse un bon moment et je rentre chez moi, le sourire aux lèvres. Stéphane a beau me raconter que le Trotteur est bel et bien mort, moi, je reste persuadée de l'avoir vraiment rencontré. Une Julie pas convaincue du tout !

Julie et la chasse-galerie

La légende de la chasse-galerie est une de mes préférées. J'avais envie de la raconter depuis longtemps. Toutefois, elle compte plusieurs personnages, ce qui me compliquait un peu la tâche lorsqu'il s'agissait d'inventer ce qui arriverait à Julie dans son monde actuel. Dès le début de la série, j'ai eu l'idée d'aborder cette histoire dans le dixième roman, afin d'y réunir tous les personnages rencontrés par Julie jusque-là… Elle retrouve monsieur Chabot le loup-garou, monsieur Fortin le pharmacien, Rosie la bibliothécaire, etc. Il ne me restait plus qu'à découvrir ce que tout ce beau monde pouvait faire dans un canot, comme les bûcherons de jadis qui avaient couru la chasse-galerie…

C'est maintenant fait, dans cette dixième et dernière aventure de Julie. Au fond, je vois mon rôle d'auteure dans cette série un peu comme celui de l'oncle Stéphane dans les livres : je suis animée par la volonté de perpétuer ces légendes qui sont propres à notre peuple depuis des centaines d'années. Le jour où nous arrêterons de les raconter, elles disparaîtront peu à peu… Alors, à nous de jouer ! Racontons !

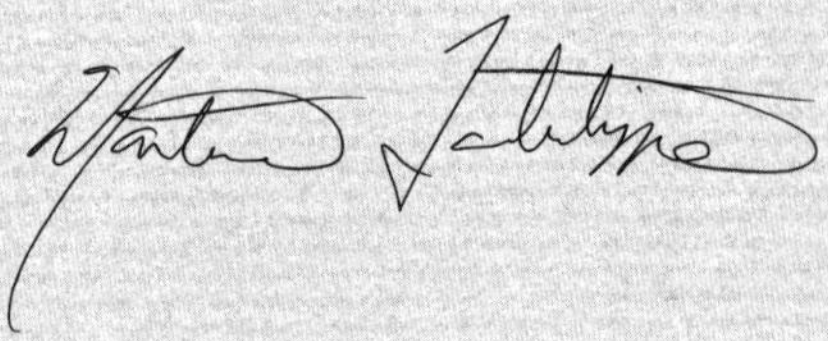

1
Le voisin

L'automne s'achève déjà. Depuis quelques jours, il fait froid et les dernières feuilles tombent peu à peu des arbres. Ça sent la première neige. Mon oncle Stéphane est pris par ses travaux d'écriture, mes parents sont plongés dans des documents terriblement sérieux et ennuyeux pour leur travail et moi… je m'ennuie. Ce samedi s'annonce long et pénible.

— Je ne sais pas quoi faire…

Mon père propose :

— Va jouer dehors, Lili !

— Toute seule, c'est plate…

Maman suggère :

— Appelle une amie !

Je n'en ai pas envie. Je voudrais que, pour une fois, mes parents s'occupent de moi au lieu de travailler, travailler, travailler… Après tout, c'est samedi !

J'appuie mon front contre la fenêtre du salon et je soupire. Personne ne réagit. Je laisse échapper un soupir encore plus long. Toujours aucune réaction. Je finis par pousser un soupir interminable. Papa lève la tête. Il n'est pas trop tôt. Il jette un œil par la fenêtre et remarque :

— Tiens, les nouveaux voisins s'installent.

La maison d'à côté était à vendre depuis de nombreux mois et était inhabitée, mais des déménageurs sortent à présent des meubles et des boîtes d'un gros camion.

— Tu devrais aller leur souhaiter la bienvenue, Lili !

— Tu viens avec moi, papa ?

— Pas le temps, ma grande, plus tard, répond-il en replongeant le nez dans ses documents terriblement sérieux et ennuyeux.

Je n'ai pas trop envie de sortir. Dehors, tout semble gris et froid. Mais ça vaut quand même mieux que de tourner en rond dans le salon. Et puis, j'ai hâte de voir de quoi ont l'air nos nouveaux voisins, je l'avoue ! Une Julie curieuse !

Je mets un manteau et je quitte la maison. J'avance vers le camion. Un homme et une femme regardent les déménageurs sortir les derniers meubles. Je leur lance un bonjour un peu timide. Ils me répondent par un large sourire.

— Tu es notre voisine ?

— Oui, j'habite juste à côté, avec mes parents.

— Notre garçon sera content de l'apprendre !

Chouette ! Ils ont un enfant ! L'homme précise :

— Si tu veux le rencontrer, il est sur le terrain, derrière la maison.

Je les quitte en vitesse et contourne la résidence. Une fois à l'arrière, j'y découvre un gars plus vieux que moi de deux ou trois ans. Il doit finir le primaire ou avoir commencé le secondaire. Il va me prendre pour un bébé. Il ne voudra peut-être même pas me parler… Bizarre : il observe les arbres autour de lui très attentivement. On dirait qu'il cherche quelque chose.

Je le salue d'une voix hésitante :

— Euh… allô !

Il se retourne vers moi et me répond d'un ton très sympathique, pas du tout comme s'il s'adressait à un bébé :

— Salut ! Je cherche un endroit pour placer mes mangeoires. J'espère qu'il y a plusieurs espèces d'oiseaux dans le coin.

— Euh… oui, quand même.

Pour être honnête, je ne connais rien aux oiseaux, mais j'en vois régulièrement de différentes couleurs. Donc, j'imagine qu'il y en a quelques espèces dans les parages. Je précise :

— En fait, les oiseaux et les crapauds, c'est pas mal les animaux qu'on aperçoit le plus souvent par ici.

Il se penche vers un puits de fenêtre, où on trouve souvent des crapauds.

— Hum… je me demande si cet endroit est assez grand pour le confort des crapauds…

C'est bien la première fois que je rencontre quelqu'un qui s'inquiète du confort des crapauds ! Il me parle comme si c'était tout à fait naturel que je sois là, comme si on se connaissait depuis toujours. Il semble vraiment gentil. Il est mignon, en plus ! Pas autant que le prince charm… euh… que Dominic, ce gars de ma classe qui joue au soccer et que j'aime un peu… Bon, d'accord, que j'aime beaucoup… Pas autant que lui, bref, mais il dégage quelque chose de très intense. Une Julie sous le charme ! Ses yeux et ses cheveux, qui sont plutôt longs, sont d'un noir profond. Il ressemble beaucoup à son père. Il remarque que je suis en train de le dévisager et mentionne :

— Ma famille est amérindienne. C'est pour ça, le teint foncé et les cheveux noirs.

Je ne trouve rien d'intelligent à répondre. Je ne suis quand même pas pour l'informer que la mienne est québécoise et que c'est pour ça, la peau pâle et les cheveux bruns ! Je change de sujet :

— Comment tu t'appelles ?

— Gabriel-Hugo.

Je reste silencieuse. Dans ma tête, je pense : « C'est looooong. » Il continue :

— Tu peux juste dire Gabriel.

Je trouve déjà ça mieux.

— En fait, tout le monde me nomme Gab.

C'est parfait ! Il plonge ses yeux noirs dans les miens et demande :

— Et toi ?

— Moi ? Euh… je vais t'appeler Gab.

Il éclate d'un grand rire. Un rire chaleureux, pas moqueur du tout.

— Non, toi, c'est quoi, ton nom ?

— Julie.

Il fait un petit signe de tête. Je précise :

— Mon père me surnomme Lili. Mais à part lui, tout le monde m'appelle Julie.

Il rigole. Il semble très gentil.

— Tu as des frères ou des sœurs, Julie ?

— Non, je suis toute seule. Et toi ?

— Enfant unique aussi.

Pendant quatre ou cinq secondes, nous gardons le silence, comme si chacun réfléchissait, puis Gabriel-Hugo dit :

— J'ai toujours rêvé d'avoir une petite sœur !

Pile au même moment, je déclare :

— J'ai toujours rêvé d'avoir un grand frère !

Je lui lance un sourire complice. Dans ma tête, c'est réglé : je viens de l'adopter comme grand frère ! Une Julie pas compliquée ! Je lui confie :

— J'adore les légendes québécoises. C'est vraiment ma passion. Tu en connais ?

— On m'a déjà raconté quelques légendes, oui, mais surtout amérindiennes.

J'espère qu'il voudra bien me les raconter un jour. Gab reprend :

— Moi, ma passion, c'est les animaux ! Ça me fascine. Je dévore tous les livres documentaires qui me tombent sous la main. Je rêve d'ouvrir un refuge pour m'occuper des animaux abandonnés ou blessés.

Décidément, ce Gab me plaît de plus en plus ! L'heure du repas approche, je devrais rentrer chez moi, mais avant de le quitter, je propose :

— Veux-tu que je te fasse visiter les environs après le dîner ?

— Avec plaisir, Julie !

Je retourne à la maison de bien meilleure humeur. J'ai à peine ouvert la porte que ma mère m'annonce :

— Steph a téléphoné, Julie. Il va venir souper avec nous.

Youpi ! Stéphane, mon oncle adoré, va sûrement me raconter une légende, comme il le fait chaque fois. Et je crois que je vais passer un bel après-midi avec Gab, mon nouvel ami.

Eh bien, en fin de compte, ce samedi s'annonce merveilleux !

2
La visite

Dès que j'ai avalé la dernière bouchée de mon dîner, je cours me brosser les dents, je m'habille chaudement et je vais rejoindre Gab, mon nouveau et sympathique voisin. Je frappe à la porte. Sa mère vient ouvrir.

— Bonjour ! J'avais proposé à Gabriel-Hugo de lui faire visiter les environs…

— C'est gentil. Il est en train d'installer sa chambre, mais il peut bien prendre une pause. Il reviendra nous aider plus tard. Entre, je vais le prévenir que tu es ici.

Elle s'éloigne. Je regarde autour. D'énormes piles de boîtes s'élèvent dans tous les coins du salon. Soudain, un bruit me fait sursauter. Une sorte de grattement. Tiens, là-bas, au pied d'une tour brinquebalante de boîtes, il y a une cage. Je ne savais pas que Gab avait un hamster. Connaissant son amour des animaux, je ne suis pas surprise. Je m'approche pour observer la petite bête.

Hum… bizarre. Je n'ai jamais vu un hamster si peu poilu. Ni avec une queue si longue. Ni avec un corps et un museau si effilés… Mais… ce n'est pas… Je laisse échapper un cri.

— Aaaah !

Gab arrive près de moi. Sans même prendre le temps de le saluer, je m'exclame :

— Tu as… ce n'est pas un hamster… C'est un rat !

Calmement, mon voisin approuve :

— Bravo, Julie ! Très observatrice ! C'est un rat, en effet.

Ça me semble moins mignon qu'un hamster… Vraiment moins mignon. Je n'y peux rien, je n'aime pas beaucoup les rats. Un frisson me parcourt le dos. Je recule de quelques pas.

— Tu ne devrais pas avoir peur, Julie. Le rat domestique est un animal très affectueux. Il est très propre, aussi. Il se lave plusieurs fois par jour. Et tu n'as absolument rien à craindre de lui. Il ne mord pas. Sauf s'il est malade ou s'il veut protéger ses petits.

Je le regarde, étonnée:

— Tu as appris par cœur toute l'*Encyclopédie du monde animal* ou quoi?

Gab éclate d'un rire joyeux.

— C'est ma passion, je te l'ai dit.

Je commence à le croire! Je propose:

— Bon, on va faire un tour?

J'ai hâte de faire visiter les environs à Gab... et j'ai aussi hâte de m'éloigner de ce rat!

Nous sortons. Aussitôt, je me transforme en guide touristique... à ma façon!

— Juste en face, c'est la maison de monsieur Chabot. Il est gentil, mais...

Je me tais. Après tout, Gab découvrira bien par lui-même que notre environnement est un peu particulier... Mon voisin insiste:

— Mais quoi?

Mal à l'aise, j'hésite, puis je finis par avouer:

— Mais je pense que c'est un loup-garou. Il sort de chez lui tous les soirs vers minuit, sa barbe pousse très vite, il a un comportement étrange…

Gab ne semble pas trop effrayé. En fait, il paraît plutôt amusé. Un Gab inconscient du danger ! Nous marchons un bon moment encore. En passant devant la bibliothèque, je lui parle de Rosie, la petite amie de mon oncle Steph, que j'aime bien mais qui a de nombreuses ressemblances avec la Corriveau, cette femme qu'on soupçonnait d'être une sorcière et d'avoir tué sept maris…

La visite continue. Nous voilà devant la pharmacie. Je raconte que le pharmacien, monsieur Fortin, est certainement le Bonhomme Sept Heures ; il suit des cours de théâtre avec Léa Ladouceur, qui ressemble à la Dame blanche… Tout à coup, Gab éclate d'un grand rire.

— Tu as appris par cœur l'*Encyclopédie des légendes québécoises* ou quoi ?

— Je te l'ai dit ; c'est ma passion ! C'est Stéphane, mon oncle adoré, qui me les raconte. C'est son travail : il fait des recherches sur les légendes d'ici et il publie des livres. Tu veux que je te le présente ?

Gab accepte avec enthousiasme. Nous accélérons le pas. Quelques maisons avant celle de Steph, un homme sort de chez lui et m'adresse un grand salut. Je reconnais Martin, l'entraîneur d'Alex, mon moniteur de terrain de jeu de l'été dernier.

— Salut, Martin ! Je ne savais pas que tu habitais ici !

— Depuis quelques mois seulement. Comme tu le vois, je suis en train de m'installer à mon goût. J'ai plein de projets…

En disant ces mots, il pointe du doigt un bâtiment dont la construction n'est pas tout à fait terminée. Je demande :

— Tu t'es fait bâtir un garage ?

— Eh oui ! Bonne journée !

Il entre dans son garage tout neuf. Je presse le pas.

— Viens, Gab, on est presque rendus. Steph reste trois maisons plus loin.

J'aperçois deux personnes sur le trottoir, de l'autre côté de la rue. Je reconnais monsieur Chabot et Rosie… Bizarre : je ne savais pas qu'ils étaient amis ! J'étais au courant qu'ils se connaissaient, bien sûr, mais de là à faire une promenade ensemble… Je murmure à Gab :

— C'est eux ! Le loup-garou et la Corriveau…

Mon nouveau grand frère d'adoption se contente de répondre:

— Parlant de loup, sais-tu que les loups s'en prennent très rarement aux hommes, contrairement à ce qu'on raconte? Les loups sont de très bons coureurs, c'est connu, mais ils sont également d'excellents nageurs. Et ils voient aussi bien la nuit que le jour. On dit que…

Je lève les yeux au ciel. Ça y est, nous voilà repartis pour une autre capsule d'information *Nos amis les animaux*! Je me contente d'écouter Gab d'une oreille distraite parce que la scène à laquelle j'assiste m'intrigue énormément… Une Julie préoccupée!

À mon grand étonnement, monsieur Chabot et Rosie, après m'avoir saluée d'un signe discret de la main, tournent dans l'entrée de la maison de Martin et se dirigent vers le nouveau garage… Étrange… Qu'est-ce que ces trois-là peuvent bien avoir en commun?

Et je ne suis pas au bout de mes surprises! Pendant que Gab continue à discourir sur les deux grandes espèces de loups, je vois s'approcher trois autres personnes sur le trottoir: Léa Ladouceur, monsieur Fortin et monsieur Rouleau, le père du prince charm… euh… de Dominic. Monsieur Rouleau ressemble beaucoup au bel inconnu diabolique dans la légende de Rose Latulipe, celui qui portait toujours des gants et un chapeau. Les trois se dirigent droit vers le garage de Martin. Je suis sous le choc !

À mes côtés, Gab ne parle plus. Fin de la capsule *Nos amis les animaux.* Je suis troublée. Très, très, très troublée. Encore plus quand j'aperçois Joe Vézina et Alex, mon moniteur, aller à leur tour vers le garage… Cette fois, je n'y tiens plus : je cours dans leur direction.

— Bonjour, Joe ! Salut, Alex, ça va ?

— Bien, merci, Julie. Et toi ?

Je ne prends pas le temps de répondre. Je demande aussitôt :

— Tu… tu rends visite à Martin ?

— Comme tu le vois !

— Est-ce que tu vas t'entraîner ?

Ma question est en fait un piège. Alex est un coureur de très haut niveau. Mais je suis certaine qu'aujourd'hui il ne va pas courir avec Martin. Sinon, pourquoi tout ce monde dans le garage ? Pourtant, à ma grande surprise, Alex répond :

— Eh bien, oui, en quelque sorte.

À ses côtés, Joe Vézina rigole. Alex continue :

— Tu es au courant de notre projet secret, Julie ?

Secret ? Il a bien dit « secret » ? Une petite lumière d'alarme s'allume dans ma tête. J'adorc tout ce qui est secret. Alex me lance un clin d'œil :

— On se retrouve ici à 14 heures tous les après-midi de congé, toute la bande.

Puis il s'éloigne vers le garage sans rien ajouter. Le mystérieux garage. Qu'est-ce qu'ils peuvent bien tous y faire ? Alex a dit « toute la bande »... La bande de quoi ?

Je retourne vers Gab, qui m'attend patiemment sur le trottoir. Je m'efforce de revenir à la réalité, d'arrêter mes pensées de tourbillonner, même si ce n'est pas facile.

Nous arrivons finalement chez Stéphane. Mon oncle vient ouvrir et semble ravi de nous voir. Je le salue vite fait, je lui présente rapidement mon voisin et grand frère adoptif, puis je déclare aussitôt :

— J'ai vu plein de monde aller chez Martin...

Sa réponse me surprend.

— Martin qui habite la maison bleue avec le nouveau garage ? Oui, il reçoit beaucoup ces temps-ci, surtout la fin de semaine. Mais je ne savais pas que tu connaissais Martin de la chasse-galerie, Julie !

— Martin de... ?

Avant que je puisse l'interroger, Gab et lui se lancent dans une discussion passionnée sur le minuscule chaton qui tente de se sauver par l'entrebâillement de la porte. Mon oncle vient de l'adopter. Gab prend délicatement la bête dans ses bras et la caresse. Le chat se met à ronronner comme un moteur. Gab commence :

— C'est un Américain à poil court, non ?

Stéphane hoche la tête, tout content.

— Mais oui, exactement ! Tu t'y connais !

Encouragé, Gab continue :

— Savais-tu, Stéphane, que c'était le chat de ferme préféré des colons américains ? Il protégeait les récoltes des rongeurs et il pouvait aussi...

Je les laisse tous les deux à leur capsule *Nos amis les animaux* et je retourne à mes pensées. Martin s'appelle Martin de la chasse-galerie ? Je n'avais jamais entendu ce nom ! Est-ce simplement un surnom ? Ça veut dire quoi ? Une Julie intriguée ! Pour l'instant, Gab et Steph font connaissance, mais je suis bien décidée à demander des explications à mon oncle ce soir, quand il viendra souper chez moi.

3

La légende

C'est bientôt l'heure du souper. Dès que Stéphane arrive chez moi, je me précipite vers lui.

— N'oublie pas, Steph, tu as promis de me raconter une légende !

Aussitôt, mon oncle commence :

— C'est vrai ! Hum… laquelle ? Tu en connais déjà tellement ! Attends… Bon, mon histoire se passe…

J'éclate de rire.

— Stéphane ! Tu n'as même pas enlevé ton manteau ! Prends le temps d'entrer !

Il esquisse un sourire gêné. Je l'adore ! Il est comme moi : quand il est question de légendes, il oublie tout le reste !

Stéphane retire son manteau, salue mes parents, occupés à préparer le souper, et il vient s'asseoir avec moi au salon. Comme toujours, mon père et ma mère ont la délicatesse de nous laisser quelques instants tous les deux. Ils savent à quel point j'aime passer du temps avec mon oncle adoré et écouter ses histoires. Je lui dis :

— Je veux aussi que tu me parles de Martin de la chasse-galerie... Quel drôle de nom !

Mon oncle s'exclame :

— Mais oui, voilà la légende que je vais te présenter ! Celle de la chasse-galerie. En plus, c'est une de mes préférées.

— Tu veux dire que la chasse-galerie est une légende ?

— Bien sûr ! C'est même l'une des plus célèbres au Québec... Je n'en reviens pas que tu ne la connaisses pas ! Tu es certaine que je ne te l'ai jamais racontée ?

— Sûre et certaine, Steph ! Je n'oublie jamais les légendes, tu le sais bien !

Une Julie tout excitée ! Stéphane explique :

— Comme pour toutes les légendes, il existe plusieurs versions, mais celle que je vais te raconter est inspirée de la plus connue. Elle est parue en 1900 et c'est monsieur Honoré Beaugrand qui l'a écrite.

— Honoré Beaugrand ! Je me souviens, Joe Vézina m'a déjà parlé de lui ! Mais… tu veux dire qu'il y avait des livres en 1900 ?

Stéphane sourit.

— Bien sûr, Julie, franchement ! La chasse-galerie a même été publiée pour la première fois en 1891, dans le journal *La Patrie.*

— Quoi ? Les journaux existaient en 1891 ?

Cette fois, mon oncle soupire et lève les yeux au ciel.

— Tu sais, Julie, me taquine-t-il, la Terre n'a pas commencé à tourner quand tu es née ! Bon, tu veux entendre la légende, oui ou non ?

Tu parles si je le veux ! Stéphane se lance :

— Mon histoire se passe au début des années 1800, une veille de jour de l'An, dans un camp de bûcherons. À cette époque-là, Julie, les hommes qui travaillaient dans les chantiers l'hiver y restaient jusqu'au printemps. Il n'y avait pas moyen de rentrer rapidement au village. Faire la route prenait des semaines.

— Oh ! ils devaient s'ennuyer…

— Tu peux le dire ! Surtout quand venait la période des fêtes… Imagine : célébrer Noël et le jour de l'An dans le bois, avec un groupe de bûcherons, sans ta famille ou sans ta fiancée… Certains s'ennuyaient tellement qu'ils étaient prêts à faire bien des folies pour passer un peu de temps à la maison…

Je me demande de quel genre de folies parle Stéphane. Coincé dans la forêt, dans la neige, loin de chez soi, qu'est-ce qu'on peut faire de si terrible ? Mon oncle ne tarde pas à répondre à ma question.

— Donc, Julie, on est la veille du jour de l'An, il y a très longtemps. Après le souper, le patron offre un peu de rhum à ses employés pour souligner la nouvelle année. Les gars passent un bout de veillée ensemble, mais ils n'ont pas le cœur à la fête. Beaucoup sont nostalgiques. Ils sont tristes en pensant à leur famille qui doit bien s'amuser sans eux… La plupart vont se coucher assez tôt. L'un des bûcherons, appelé Joe, s'endort. Il se fait réveiller tout à coup par Baptiste Durand, qui le secoue par les épaules et qui lui demande : « Joe ! Joe ! Je m'en vais à la maison visiter les miens. Veux-tu venir avec moi pour voir ta blonde ? » La première chose que Joe se dit, c'est que Baptiste est devenu fou… Que ce soit en traîneau ou en raquettes, ils n'auront jamais le temps de se rendre au village. Mais Baptiste ajoute : « Ne t'en fais pas, mon vieux, demain matin, on sera rentrés au chantier… » C'est là que Joe comprend.

Stéphane fait une pause. Moi, je veux savoir la suite ! Une Julie impatiente ! Joe a peut-être compris, mais pas moi. Je demande :

— Il comprend quoi ?

— Baptiste Durand veut courir la chasse-galerie…

Courir la chasse-galerie ? Je n'ai jamais entendu cette expression.

— Qu'est-ce que ça signifie, Steph ?

— Patience, Julie, j'y arrive, fait Stéphane avec un grand sourire, ravi que je m'intéresse autant à son histoire. Courir la chasse-galerie, c'était une affaire avec le diable, le malin… Des hommes embarquaient dans un canot d'écorce, ils prononçaient une formule magique et, au lieu de glisser sur l'eau, le canot s'élançait dans les airs. Il voyageait dans le ciel à toute allure. Dans le temps de le dire, grâce à ce canot volant, tu étais rendu chez toi et tu pouvais y passer la nuit.

Une Julie ébahie !

— C'était de la magie ?

— Plutôt de la sorcellerie, répond Steph, parce qu'il y avait certaines règles à respecter et, si tu ne les suivais pas, le diable prenait ton âme pour l'éternité…

— QUOI ? Tu vendais ton âme au diable ?

— Oui, en quelque sorte. Quand tu étais dans le canot, tu ne devais pas prononcer le nom du bon Dieu, donc ne pas dire de jurons, de gros mots si tu préfères, et tu ne devais pas non plus toucher aux croix des clochers des églises. Si tu désobéissais, ton âme appartenait désormais au malin.

Je demande d'une petite voix effrayée :

— Et Joe… il a accepté ?

— Eh bien, au début, non. Il a refusé. Mais Baptiste lui a juré qu'il avait couru la chasse-galerie cinq ou six fois sans jamais avoir de problème, alors il a fini par se laisser convaincre… Il s'est mis à penser que ce soir-là il pourrait embrasser sa fiancée, de qui il s'ennuyait tant. Il avait un peu peur, c'est vrai, mais il a accepté, en fin de compte. Voilà donc les gars qui sortent du camp de bûcherons et se rendent jusqu'à un canot d'écorce caché dans le bois, pas loin.

— Ils étaient juste tous les deux, Steph ?

— Non, ils étaient huit. En fait, ils auraient pu être six ou dix ou vingt. On raconte qu'il fallait absolument un nombre pair de passagers pour que le canot s'envole. Donc, nos deux gars et leurs six amis s'installent dans l'embarcation. Joe a la gorge un peu serrée, tu comprends… Baptiste connaît la formule magique pour que ça fonctionne. Il commence d'une voix forte : « Satan, roi des enfers, nous te promettons de te livrer nos âmes si d'ici à six heures nous prononçons… » et ainsi de suite. Tous les gars répètent ce que Baptiste dit. La formule se finit toujours de la même façon : « Acabris ! Acabras ! Acabram ! Fais-nous voyager par-dessus les montagnes ! »

Stéphane se penche vers moi, il baisse la voix et me regarde droit dans les yeux :

— Et là, Julie, tiens-toi bien, le canot s'envole, il s'élève haut, haut dans le ciel. Tout se passe pour le mieux. Baptiste dirige l'expédition, les autres bûcherons avironnent, le canot file à toute allure, il évite les clochers, personne ne lance de gros mots. Peu à peu, après le stress du départ, la bonne humeur s'installe. Ça semble si facile que les gars se demandent de quoi ils avaient peur. Quand ils survolent Montréal, ils en sont même rendus à chanter à tue-tête, y compris Joe.

Steph fait une pause. Je l'interroge, un peu déçue :

— C'est tout ? C'est ça, la légende ?

Mon oncle adoré répond :

— Oh non ! Les bûcherons atterrissent à quelques mètres de la maison où les gens du village célèbrent la nouvelle année. Ils approchent et déjà, juste en entendant les rires et les rigodons à travers la fenêtre, aucun d'eux ne regrette d'avoir pris le risque. Ils frappent à la porte. On les accueille comme des rois, tu l'imagines ! Quelle surprise ! Toute la nuit, ils fêtent avec les leurs, ils dansent, ils s'amusent…

— Mais les villageois ne devaient pas comprendre comment les voyageurs avaient pu faire le trajet en si peu de temps ?

Stéphane semble tout fier.

— Excellente remarque, Julie ! Chaque fois qu'on leur posait la question, Baptiste répondait : « Laissez-nous fêter, puis demain matin on va tout vous expliquer ! »

Je comprends : il évitait la question parce qu'il savait qu'ils seraient repartis, le lendemain… Rusé, ce Baptiste Durand !

— Tout va très bien, donc, sauf que, contrairement à leurs résolutions, les gars boivent un peu d'alcool… surtout Baptiste. Quand vient le temps de s'en aller, les bûcherons quittent la maison en douce pour retourner au canot sans se faire remarquer. Il neige à plein ciel et c'est clair pour tous que Baptiste a bien trop bu, qu'il n'est pas en état de diriger le canot volant. Mais ils ont beau essayer de le convaincre de laisser sa place, rien à faire, Baptiste leur tient tête. Il dit la formule magique, tout le monde la répète après lui et, aux derniers mots : « Acabris ! Acabras ! Acabram ! Fais-nous voyager par-dessus les montagnes ! », voilà que le canot s'élève dans les airs. Très, très haut.

— Les autres bûcherons doivent être inquiets…

— Et comment ! Plus personne n'a envie de chanter, Julie, je te le garantis ! Surtout que l'embarcation zigzague et frôle les clochers… Ça ne va pas du tout. Les gars commencent à avoir vraiment peur. Alors, ils décident de ligoter Baptiste. Ils lui attachent les mains et les jambes, ils lui mettent un foulard sur la bouche, et Joe prend les commandes.

— Et ils rentrent à leur campement ?

— Pas tout de suite… En chemin, Baptiste réussit à se libérer. Il se lève d'un coup dans le canot, il saisit un aviron et se met à le faire tourner autour de sa tête en criant des jurons. Les autres gars sont terrifiés…

— Mais c'était interdit de dire des gros mots !

— Ce qui devait arriver arriva... Malgré tous les efforts de Joe pour garder le canot dans les airs, alors qu'ils étaient presque rendus au chantier, l'embarcation volante frappe un pin immense et le canot se met à descendre à toute vitesse... Le canot tourbillonne dans le ciel. Tout le monde crie de frayeur. Les branches des arbres frôlent les bûcherons, qui sont terrorisés et qui perdent tous connaissance avant que le canot d'écorce touche terre.

Après quelques secondes de silence, je demande d'une voix craintive :

— Les bûcherons... ils sont morts, Steph ?

— Eh bien, non, Julie ! Personne n'y comprenait rien ! Peut-être que le diable a décidé de leur laisser la vie sauve comme cadeau de la nouvelle année... on ne le sait pas. Toujours est-il que, quand les huit voyageurs se réveillent, ils sont couchés dans leur lit, dans le campement.

Dans leur lit ? Est-ce qu'ils avaient seulement rêvé cette histoire ? Si je comprends bien, il ne leur est rien arrivé, en réalité, et personne n'a volé dans un canot... Une Julie un peu déçue. Mais Stéphane s'empresse d'ajouter :

— Quand ils ouvrent les yeux, à leur réveil, les autres bûcherons qui travaillent avec eux leur expliquent qu'ils les ont trouvés couchés dans la neige, au petit matin, dormant profondément… Tout le monde les taquine, on croit qu'ils ont trop bu pendant la nuit et qu'ils se sont endormis là…

— Ils n'ont pas dit la vérité ?

— Penses-tu, Julie ! Ils aimaient bien mieux donner l'impression qu'ils avaient pris un petit coup plutôt que d'avouer qu'ils avaient fait un pacte avec le diable et qu'ils avaient risqué de perdre leur âme… Ils n'ont jamais parlé de rien, mais je peux t'assurer qu'aucun d'eux n'a voulu courir la chasse-galerie de nouveau après cette fameuse nuit-là ! Le diable n'est pas du genre à faire des cadeaux deux fois…

Stéphane se redresse. La légende est finie. J'adore quand mon oncle me raconte des histoires ! Je réfléchis un moment, la tête remplie d'images : un canot volant qui tombe du haut du ciel enneigé, un firmament plein de clochers, des villageois qui dansent le rigodon dans une veillée du jour de l'An… Je pousse un soupir de contentement.

Et puis, juste comme Stéphane se lève pour aller voir mes parents dans la cuisine, une question surgit dans mon esprit :

— Mais Steph… je ne comprends pas ce que Martin a à voir là-dedans… Pourquoi Martin de la chasse-galerie ? Il n'y a même pas de Martin dans ta légende !

Stéphane sourit.

— C'est vrai ! Tu as de la suite dans les idées, Julie. *Martin de la chasse-galerie*, c'est le titre d'une chanson, écrite par Michel Rivard et interprétée par la Bottine souriante, qui décrit à sa façon l'histoire de la chasse-galerie. Son personnage principal est un certain Martin, qui raconte comment le canot volant a basculé dans le ciel de Montréal une nuit, il y a longtemps… C'est une chanson que j'aime beaucoup et, quand j'ai rencontré Martin, je l'ai tout de suite appelé « Martin de la chasse-galerie ». Il a bien ri et le nom lui est resté.

Je demande :

— Martin connaissait cette chanson ?

— Hein ? Oh oui, très bien ! Il connaît aussi la légende de la chasse-galerie. Mais ce n'est pas étonnant : comme je te l'ai dit, c'est une des légendes québécoises les plus populaires.

Stéphane s'éloigne. Je n'ajoute rien. Je réfléchis. Une Julie plongée dans ses pensées.

Et si Martin de la chasse-galerie avait de bonnes raisons d'être familier avec cette légende ? De très, très bonnes raisons, même ?

4

Les espions

Depuis ce matin, je piaffe d'impatience près de la porte d'entrée. Si Gab était là, il aurait sûrement plein de choses à me raconter sur les chevaux qui piaffent aussi, mais il n'y est pas, justement... C'est même à cause de mon voisin et grand frère adoptif que le temps me semble si long. Je tourne en rond. Je suis certaine que les secondes font exprès de s'étirer à l'infini. L'avant-midi n'en finit plus de passer. Une Julie impatiente !

Hier soir, après le départ de Steph, je n'arrêtais pas de penser à la légende de la chasse-galerie. J'aurais eu envie de courir raconter tout ça à Gab, mais il était bien trop tard. J'ai eu du mal à trouver le sommeil. Et quand j'y suis arrivée, c'était pour rêver de bûcherons, de canot volant, de pacte avec le diable... À 7 heures, ce matin, j'étais debout près de la porte, prête à quitter la maison. Mais ma mère n'a pas voulu.

— Où vas-tu à cette heure-là, Julie ?

— Chez les nouveaux voisins.

— Pas question.

Même pas d'hésitation, de possibilité de négociation, juste un « Pas question » très clair.

— Ils sont arrivés hier seulement, ils doivent avoir plein de choses à faire dans la maison. Peut-être même qu'ils dorment encore. Tu iras après le dîner. Pas avant 13 heures.

Voilà pourquoi je trépigne d'impatience près de la porte. Je me sens comme la veille de Noël, quand on attend pour déballer les cadeaux.

L'avant-midi s'étire, s'étire, s'étire… Enfin, il est 13 heures ! À 13 heures et une seconde, je suis dehors ! Je cours chez les voisins et je frappe. Gab vient ouvrir. Il m'invite à entrer. On trouve deux chaises entre des piles de boîtes et la cage du rat. Je m'installe le plus loin possible de la cage. Grâce aux explications de mon savant voisin, je sais maintenant que cette bête est domestique et inoffensive, je sais aussi qu'elle s'appelle Mignon, ce qui ne m'empêche pas de penser qu'elle est dégoûtante… Mignon, franchement ! C'est un nom de chaton craquant, ou d'adorable chiot, ou même de poulain… N'importe quoi, mais sûrement pas un nom de rat ! Enfin. Je m'efforce de ne pas regarder Mignon et je déballe tout à Gab.

Je lui raconte la légende de la chasse-galerie. Joe et Baptiste dans le canot volant. L'interdiction de dire des gros mots et de toucher des croix. La nuit du Nouvel An, le retour mouvementé, la chute des bûcherons, leur réveil dans le camp… tout, tout, tout !

Quand j'ai fini, je fixe Gab avec de grands yeux ronds.

— C'est incroyable, non ?

— Wow ! Belle légende, Julie ! Tu la racontes bien, en plus !

Quoi ! C'est tout ? Il ne comprend pas ?

— Tu… tu ne trouves pas ça étrange, Gab ?

Il ne semble pas saisir de quoi je parle. J'insiste :

— Martin. Martin de la chasse-galerie, chez qui tout le monde se rendait hier…

Gab sourit. Il ne voit vraiment pas le danger, celui-là ! Je n'en reviens pas. Moi, depuis que je connais la légende, mille questions se bousculent dans ma tête. J'explique :

— Gab, combien y avait-il de personnes chez Martin, hier ?

Il n'a pas remarqué.

J'énumère tous ceux qui y étaient.

Monsieur Chabot et Rosie. Monsieur Fortin et Léa. Alex et Joe Vézina. Monsieur Rouleau et Martin.

— Ça fait huit, Gab. Un nombre pair. Comme dans la chasse-galerie.

— Mais il n'y avait pas de canot, Julie…

— Tu as vu le nouveau garage de Martin ? Pourquoi aurait-il besoin d'un bâtiment aussi grand ? Et qu'est-ce que tout le monde allait y faire ? Je n'ai jamais entendu parler d'une rencontre dans un garage ! Ne sois pas naïf, Gab… Alex a mentionné un projet secret, tu te rappelles ? Ne me dis pas qu'il n'y a rien de louche là-dedans !

Je suis bien décidée à voir clair dans toute cette histoire. Je me lève.

— Viens ! Selon Alex, ils se rejoignent tous les jours de congé à 14 heures. On est dimanche et il est un peu plus de 13 heures et demie. Si on se dépêche, on peut les espionner.

Gab semble perplexe, mais aussi intrigué. Il enfile un chandail chaud et m'accompagne jusque chez Martin.

Nous arrivons devant le garage. Je m'approche discrètement du bâtiment, je me mets en petit bonhomme sous une fenêtre située sur le côté. Gabriel-Hugo hésite quelques secondes, mais il finit par me suivre. Accroupi sur ses talons, il chuchote :

— Pour être honnête, Julie, je ne vois pas l'intérêt de courir la chasse-galerie de nos jours. Ce serait absurde ! Pourquoi risquer de perdre son âme quand on peut prendre l'avion ou le train et aller encore plus vite que dans un canot volant ?

Hum… je n'avais pas pensé à la situation de cette façon. Il a peut-être raison, mais je souhaite quand même en avoir le cœur net. Je murmure :

— Je ne veux pas jouer à l'autruche, Gab. Je n'ai pas envie de me cacher la tête dans le sable et de faire semblant que rien de bizarre ne se passe ici.

Aussitôt, mon voisin et grand frère adoptif enchaîne :

— Tu sais, Julie, contrairement à l'expression populaire, il est faux de dire que les autruches se cachent la tête dans le sable… Fait très intéressant :

l'autruche est le plus gros oiseau du monde, mais elle ne peut pas voler parce que…

Voilà ! Une nouvelle capsule *Nos amis les animaux*. En équilibre fragile sur mes talons, adossée contre le mur du garage, j'interromps Gab :

— Écoute, Gab, c'est vraiment trrrrrrrès intéressant, mais le moment est un peu mal choisi. Je serai ravie d'en apprendre davantage sur les autruches plus tard. Pour l'instant, on doit espionner…

En disant ces mots, je me lève et je regarde par la fenêtre, le plus discrètement possible.

Mon cœur s'arrête de battre.

Je fais un signe à Gab, qui se redresse à son tour. Ses yeux s'arrondissent, sa bouche s'entrouvre de surprise. Cette fois, même lui est sous le choc !

Ébahis, nous voyons monsieur Chabot, Rosie, monsieur Fortin, Léa, monsieur Rouleau, Alex, Joe Vézina et Martin. Oui, oui, Martin de la chasse-galerie. Ils sont tous assis dans un canot, un aviron dans les mains.

Je me demande combien de personnes de mon village fricotent avec le diable sans que je le sache…

Une Julie terrifiée !

5

Le projet

J'ai la gorge serrée, je suis complètement ébranlée par ce que j'ai vu dans le garage de Martin. Je me mets de nouveau en petit bonhomme sous la fenêtre. Gab m'imite. Je souffle :

— Tu as besoin de preuves supplémentaires ?

Il semble surpris, mais étonnamment calme.

— Julie… le canot, ça ne veut rien dire. Ils ne peuvent quand même pas s'envoler dans le garage !

Pauvre Gab ! Si terre à terre ! Pourtant, la situation me paraît limpide : ils s'entraînent et vont attendre que la nuit tombe pour sortir le canot. Dès qu'il fera noir et que personne ne pourra les voir, ils prendront leur envol.

Je me relève pour observer ce qui se passe à présent dans le garage. Le front contre la fenêtre, je jette un œil à l'intérieur. Tous sont encore en train d'avironner… Tous sauf Martin ! Il se dirige vers la porte d'un air décidé. Je panique ! Que faire ? Me sauver en courant ? Crier pour alerter les voisins ? Figée par la peur, je ne fais rien du tout. Je reste sur place, paralysée.

Martin ouvre la porte et… il vient droit vers nous. Il n'a pas l'air trop en colère, ou alors il cache bien son jeu.

— Tiens, tiens ! Il me semblait avoir vu du mouvement par la fenêtre ! Vous nous espionnez ?

Il rit. Pas moi. J'ai peur. Très peur. Si un homme est prêt à conclure un pacte avec le diable, qui sait ce qu'il pourrait nous faire ? À mes côtés, Gab fixe le sol, mal à l'aise, sans dire un mot. Se faire prendre à espionner chez quelqu'un qu'on ne connaît pas à sa deuxième journée dans le village, ça commence mal !

Je bredouille :

— Non… on… on était intrigués par votre projet.

— Qui t'a parlé de notre projet ?

— Alex.

— Et tu sais de quoi il s'agit ?

Je meurs d'envie de lui répondre que je le sais très bien, qu'ils vont parcourir des kilomètres dans un canot volant, mais je me contente de lancer :

— Alex a juste… il a juste dit que c'était un projet secret.

Cette fois, Martin rigole de bon cœur.

— Oh ! je comprends mieux ! Le meilleur moyen d'éveiller la curiosité de quelqu'un, c'est de parler d'un projet secret… Vous voulez entrer pour voir ?

Surtout pas ! Qui sait ce qu'ils feront ? M'embarquer de force dans ce canot et proposer mon âme au diable ? Je fais non de la tête vigoureusement et je recule de quelques pas.

Martin continue :

— Je dois retourner avec mes coéquipiers. Je peux vous dévoiler notre projet, mais vous devez me promettre de ne rien dire…

Sinon quoi ? On se retrouvera en enfer, avec le malin ? Ma curiosité est plus forte que tout. Je promets d'une voix tremblante, Gab aussi.

— Vous avez déjà entendu parler de la course en canot du Carnaval de Québec ? demande Martin.

Cette année, le Carnaval propose un volet amateur. Plusieurs personnes du village semblaient intéressées à essayer de naviguer sur le fleuve glacé, alors j'ai décidé de constituer une équipe. On forme une drôle de bande, un mélange de tous les âges et de tous les styles, mais on ne vise pas la première place. On veut juste avoir du plaisir. Pour commencer, on s'entraîne à avironner en cadence.

Gab demande :

— Mais pourquoi est-ce un secret ?

— On a envoyé notre candidature au comité de sélection, on attend juste d'avoir la confirmation de notre participation avant d'annoncer la nouvelle. D'ici là, pas un mot ! Je vous fais confiance.

J'ai des doutes… Une Julie soupçonneuse ! Je lui assure néanmoins qu'on gardera le silence.

— On ne dira rien, Martin. Tu peux être tranquille. Allez, on vous laisse vous envoler… euh… vous entraîner !

Martin retourne vers ses coéquipiers. Il referme la porte du garage. Gab conclut :

— Eh bien, tout s'explique ! Voilà pourquoi ils sont dans ce canot !

— Tu penses, Gab ?

Décidément, il faudra que j'initie davantage mon voisin et grand frère adoptif aux mystères des légendes québécoises. Il est excellent en ce qui concerne les animaux, mais pour le reste, il est beaucoup trop crédule ! Je précise :

— Ses explications se tiennent, mais je suis loin d'être certaine qu'ils ne se préparent pas plutôt à courir la chasse-galerie…

Gab m'explique gentiment :

— Écoute, Julie, je pense sérieusement que plus personne ne court la chasse-galerie de nos jours. Et je crois que…

Je lui coupe la parole :

— Mon oncle Stéphane m'a appris qu'il n'y a rien d'impossible dans le monde des légendes.

Gab éclate de rire.

— Peut-être. Je n'en suis pas certain, mais tu as le droit d'y croire. Ce qui est sûr, par contre, c'est que tu es bavarde comme une pie !

Je fronce les sourcils. Il est en train de me dire que je parle trop ou quoi ? Je ne suis pas convaincue du tout que ce soit un compliment ! Il continue :

— Sais-tu, Julie, que la pie est sûrement l'oiseau…

Je pousse un soupir. Ça y est, je vais avoir droit à une capsule d'information *Nos amis les oiseaux*, cette fois ! Mais non. Gab ajoute simplement :

— … la pie est sûrement l'oiseau le plus sympathique, si elle te ressemble ?

Je lui adresse un grand sourire.

Au fond, il a peut-être raison… J'ai probablement trop d'imagination, comme mes parents me le répètent tout le temps.

Je ne saurai jamais si la moitié de mon village fait des affaires avec le diable et s'amuse à courir la chasse-galerie, mais je sais que j'ai maintenant le nouveau voisin le plus gentil du monde, j'ai décidé de l'adopter comme grand frère et, en plus, j'ai désormais plein de nouvelles connaissances sur les animaux. Une Julie aux oiseaux !

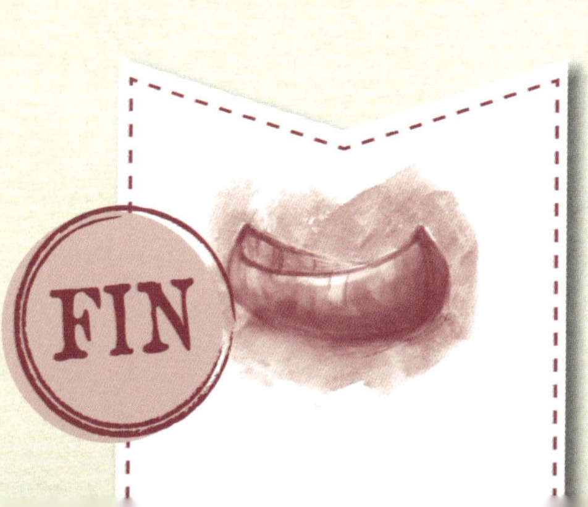

Photo : © Anaïe Gouffé

Martine Latulippe

Martine Latulippe est l'auteure de plus de soixante romans et cumule les prix et honneurs. Elle s'adresse aussi bien aux tout-petits qu'aux adolescents avec des histoires d'amour ou d'action ; des récits intenses et dramatiques ou débordants d'imagination. Au fil de nombreuses animations, elle rencontre ses lecteurs aux quatre coins du pays. Chez Québec Amérique, en plus de ses suspenses pour ados et de son album pour les plus jeunes, sa populaire série *Julie* permet de découvrir les légendes québécoises en compagnie d'une Julie curieuse.

Jean-Luc Trudel

Jean-Luc Trudel partage son temps entre l'illustration d'albums jeunesse et la fabrication de story-boards pour le monde de l'animation. Sous son pinceau et sa souris d'ordinateur, les univers prennent vie, incomparablement touchants et remplis de personnages chaleureux et de décors lumineux ou inquiétants.

Fiches d'exploitation pédagogique

Chacun des titres présentés dans cet ouvrage a sa propre fiche d'exploitation pédagogique, disponible en ligne.
Vous pouvez vous procurer ces fiches sur notre site Internet à la section jeunesse / matériel pédagogique.

quebec-amerique.com